Intuição

A NOVA FRONTEIRA DA
ADMINISTRAÇÃO

Jagdish Parikh
em colaboração com
Fred Neubauer e Alden G. Lank

Intuição

A NOVA FRONTEIRA DA ADMINISTRAÇÃO

Tradução
PAULO CESAR DE OLIVEIRA

Editora Cultrix
SÃO PAULO

Título original: *Intuition – The New Frontier of Management.*

Copyright © 1994 Jagdish Parikh, Franz Friedrich Neubauer e Alden G. Lark.

Copyright da edição brasileira © 1997 Editora Pensamento-Cultrix Ltda.

1ª edição 1997.

8ª reimpressão 2016.

Publicado pela primeira vez em 1994 por Blackwell Publishers.

Todos os direitos reservados. Nenhuma parte deste livro pode ser reproduzida ou usada de qualquer forma ou por qualquer meio, eletrônico ou mecânico, inclusive fotocópias, gravações ou sistema de armazenamento em banco de dados, sem permissão por escrito, exceto nos casos de trechos curtos citados em resenhas críticas ou artigos de revistas.

A Editora Cultrix não se responsabiliza por eventuais mudanças ocorridas nos endereços convencionais ou eletrônicos citados neste livro.

Direitos de tradução para a língua portuguesa adquiridos com exclusividade pela
EDITORA PENSAMENTO-CULTRIX LTDA., que se reserva a
propriedade literária desta tradução.
Rua Dr. Mário Vicente, 368 – 04270-000 – São Paulo, SP
Fone: (11) 2066-9000 – Fax: (11) 2066-9008
http://www.editoracultrix.com.br
E-mail: atendimento@editoracultrix.com.br
Foi feito o depósito legal.

Dedicado a todas as pessoas que buscam uma compreensão mais profunda das incertezas e complexidades cada vez maiores do mundo dos negócios. Este livro oferece um instrumento eficaz para aumentar a nossa compreensão, a saber, o processo de conhecimento direto: intuição.

Sumário

Lista de Figuras	10
Lista de Tabelas	11
Prefácio por Warren Bennis	15
Comentário do Editor, por Ronnie Lessem	19
Prólogo	35
Agradecimentos	41

1	O Contexto da Intuição	43
	Nível Global	44
	Nível da Organização	50
	Nível Individual	51
	Conclusão	54
2	O Papel da Intuição na Administração	55
	Por Que Precisamos da Intuição na Administração?	58
	Administração da Mudança	59
	Administração da Complexidade	62
	Administração de Conflitos	64
	Efeitos Diretos do Estilo Intuitivo de Administração	66
	Conclusão	69
3	Definição de Intuição	72
	A Intuição como Fenômeno Multidimensional	74
	A Intuição como Fenômeno Multicontextual	77

A Intuição como Fenômeno de Múltiplos Níveis......... 79
A Intuição como Substantivo, Verbo e Adjetivo.......... 84
O Que a Intuição Não É.. 90
Sintomas da Intuição Autêntica................................. 92
Conclusão... 93

4 O Aprimoramento da Intuição: Como Ter Acesso a Ela e
Como Intensificá-la.. 95
A Escolha de um Rumo.. 97
Tomada de Decisões.. 99

5 Relatório Global: Levantamento Internacional Sobre
Intuição.. 101
Introdução ao Levantamento..................................... 101
Perfil da População Avaliada..................................... 103
Grau de Intuição... 105
O Que É Intuição?... 111
Percepção da Relevância da Intuição.......................... 114
Como se Pode Identificar a Intuição?......................... 116
Uso da Intuição.. 118
Opiniões Sobre Certos Conceitos............................... 121
Maneiras de Ver Determinados Aspectos..................... 123
Interesse em Participação Adicional............................ 124

6 Relatório Comparativo: Levantamento Internacional Sobre
Intuição.. 125
Perfil da População Avaliada..................................... 125
Grau de Intuição... 127
O Que É Intuição?... 129
Percepção da Relevância da Intuição.......................... 131
Como se Pode Identificar a Intuição?......................... 133
Uso da Intuição.. 134
Opiniões Sobre Certos Conceitos............................... 136
Maneiras de Ver Determinados Aspectos..................... 137
Interesse em Participação Adicional............................ 138
Conclusão... 138

7	Aplicação da Intuição: Visão e Visionamento	140
	Definição do Que É Visão	141
	Características de uma Boa Visão	143
	Elementos de uma Boa Afirmação da Visão	146
	A Fisiologia do Visionamento	149
	Comunicação e Partilha	153
	Conclusão	157
8	A Prática do Visionamento (O Modelo PN)	159
	Visionamento Reflexivo	160
	Visionamento Intuitivo	168
	Visionamento Integrativo	175
	Conclusão	180

Apêndices

1	Levantamento Internacional Sobre Intuição	187
2	Relatório para o Reino Unido	195
3	Relatório para os Estados Unidos	214
4	Relatório para o Japão	232
5	Relatório para o Brasil	250
6	Questionário Usado no Levantamento	268

Figuras

Figura F.1	Tipos psicológicos	21
Figura 1.1	O papel da intuição ao se lidar com a mudança	44
Figura 1.2	Eixo valores-ideologia	46
Figura 1.3	Mudança de paradigma: modificações das visões de mundo	48
Figura 1.4	Gerenciamento transformativo	48
Figura 1.5	Implicações para o administrador considerado individualmente	49
Figura 2.1	Criação de uma visão partilhada	68
Figura 3.1	Estrutura da intuição	85
Figura 3.2	Intuição como substantivo, verbo e adjetivo	87
Figura 3.3	Múltiplas facetas da intuição	89
Figura 4.1	Como ter acesso à intuição e como acentuá-la	98
Figura 7.1	*Continuum* de abordagens de visionamento	149
Figura 8.1	Processo de construção de visão: o modelo PN	161
Figura 8.2	O trabalho como visão tornada visível	171
Figura 8.3	Construção intuitiva de visão	173
Figura 8.4	Desenvolvimento de uma visão integrativa	179
Figura 8.5	Estágios de uma visão	181
Figura 8.6	Mudança transformativa	183

Tabelas

Tabela 5.1	Perfil da população avaliada	104
Tabela 5.2	Escolha entre os pares de alternativas	105
Tabela 5.3	Distribuição baseada na avaliação objetiva da Intuição	107
Tabela 5.4	Distribuição baseada na auto-avaliação da Intuição	108
Tabela 5.5	Avaliação objetiva vs. auto-avaliação	110
Tabela 5.6	Grau da concordância com as três descrições específicas de Intuição	113
Tabela 5.7	Fenômenos associados	117
Tabela 5.8	Grau do uso da Intuição na vida profissional	118
Tabela 5.9	Grau do uso da Intuição na vida pessoal	120
Tabela 6.1	Perfis dos administradores	126
Tabela 6.2	*Ranking* das descrições dadas para a Intuição	129
Tabela 6.3	As principais áreas de percepção de relevância no campo das atividades empresariais/administração	132
Tabela 6.4	*Ranking* das principais áreas de percepção de relevância em outros campos	132
Tabela 6.5	*Ranking* dos meios citados de identificação da Intuição	133
Tabela 6.6	*Ranking* dos fenômenos associados	134
Tabela A1.1	População do Levantamento	189
Tabela A1.2	Bases para a estimativa da população total para diferentes países, 1990	192

Tabela A2.1	Perfil dos administradores do Reino Unido na amostra que participou do Levantamento................	195
Tabela A2.2	Escolha entre os pares de alternativas.....................	196
Tabela A2.3	Distribuição baseada na avaliação objetiva da Intuição...	198
Tabela A2.4	Distribuição baseada na auto-avaliação da Intuição	199
Tabela A2.5	Avaliação objetiva vs. auto-avaliação.....................	200
Tabela A2.6	Grau da concordância com as três descrições específicas de Intuição.....................................	203
Tabela A2.7	Fenômenos associados..	207
Tabela A2.8	Grau do uso da Intuição na vida profissional.........	208
Tabela A2.9	Grau do uso da Intuição na vida pessoal................	209
Tabela A3.1	Perfil dos administradores norte-americanos na amostra que participou do Levantamento..............	214
Tabela A3.2	Escolha entre os pares de alternativas.....................	215
Tabela A3.3	Distribuição baseada na avaliação objetiva da Intuição...	217
Tabela A3.4	Distribuição baseada na auto-avaliação da Intuição	218
Tabela A3.5	Avaliação objetiva vs. auto-avaliação.....................	219
Tabela A3.6	Grau da concordância com as três descrições específicas de Intuição.....................................	221
Tabela A3.7	Fenômenos associados..	225
Tabela A3.8	Grau do uso da Intuição na vida profissional.........	226
Tabela A3.9	Grau do uso da Intuição na vida pessoal................	227
Tabela A4.1	Perfil dos administradores japoneses na amostra que participou do Levantamento............................	232
Tabela A4.2	Escolha entre os pares de alternativas.....................	233
Tabela A4.3	Distribuição baseada na avaliação objetiva da Intuição...	235
Tabela A4.4	Distribuição baseada na auto-avaliação da Intuição	237
Tabela A4.5	Avaliação objetiva vs. auto-avaliação.....................	237
Tabela A4.6	Grau da concordância com as três descrições específicas de Intuição.....................................	240
Tabela A4.7	Fenômenos associados..	244
Tabela A4.8	Grau do uso da Intuição na vida profissional.........	245
Tabela A4.9	Grau do uso da Intuição na vida pessoal................	246

Tabela A5.1	Perfil dos administradores brasileiros na amostra que participou do Levantamento..............................	250
Tabela A5.2	Escolha entre os pares de alternativas......................	251
Tabela A5.3	Distribuição baseada na avaliação objetiva da Intuição..	253
Tabela A5.4	Distribuição baseada na auto-avaliação da Intuição	254
Tabela A5.5	Avaliação objetiva vs. auto-avaliação......................	255
Tabela A5.6	Grau da concordância com as três descrições específicas de Intuição..	258
Tabela A5.7	Fenômenos associados..	261
Tabela A5.8	Grau do uso da Intuição na vida profissional.........	263
Tabela A5.9	Grau do uso da Intuição na vida pessoal..................	264

Prefácio

Se há uma coisa que os líderes bem-sucedidos parecem ter é a capacidade de prever acontecimentos futuros, coisa que chamo de "Fator Gretzky". Este jogador de hóquei mundialmente famoso certa vez disse que o importante não é onde está o disco, mas, isso sim, para onde ele está indo. Parece-me que essa é a responsabilidade dos líderes. Não são as empresas que falham, e sim os seus líderes. Se me é dado generalizar valendo-me da minha experiência de 15 anos observando líderes, eu diria que os mais bem-sucedidos são os que reconheceram que estamos caminhando para uma época de produção baseada nas idéias, e que estamos nos afastando da produção material. Eles perceberam que, para ser bem-sucedido, um líder depende de seu capital intelectual. É isso o que cria a riqueza; as pessoas que têm idéias é que influenciam o rumo dos acontecimentos.

Um exemplo notável e recente disso foi o grande número de notícias de primeira página sobre Jose Ignacio Lopez, o engenheiro basco de quem, um ano atrás, ninguém ainda ouvira falar; mas a General Motors (GM) e a Volkswagen (VW) perceberam que ele tinha uma cabeça indicada para reduzir custos mediante a transformação do relacionamento das empresas automobilísticas com os vendedores, a uma velocidade que, até então, ninguém julgara possível. Isso não foi estranho? Duas das maiores empresas do mundo competindo pelos serviços de um engenheiro basco?

Não é estranho se se considera que o que Lopez e outros como ele oferecem é capital intelectual, idéias, perícia e *know-how*. Se eu tivesse de expressar em uma frase tudo o que aprendi sobre liderança e organização ao longo dos últimos 30 anos, diria algo assim: a chave para a vantagem em termos de competição nos anos de 90 em diante será a capacidade dos líderes de criar uma arquitetura social que seja ágil, adaptativa e que favoreça o aprendizado e a geração de capital intelectual. Embora atualmente isso pareça um tanto abstrato, a chave de tudo é o capital intelectual.

Todos os grandes líderes que conheço se preocupam apenas com três coisas, e todas elas relacionadas com a alocação de recursos: pessoas, dólares e idéias. Se eles escolherem as pessoas certas, se alocarem a quantidade certa de dólares para cada divisão e se eliminarem os entraves burocráticos, de modo que as melhores experiências sejam transferidas imediatamente de uma divisão para a seguinte – então, acho que estaremos prestes a ter sucesso.

Neste livro, Parikh e seus colegas demonstram criativamente que a chave para o capital intelectual é a intuição, essa palavra obscura e ambígua à qual eles dão um novo significado. Mais adiante, apresentarei a suposição de que eles demonstram conclusivamente que, sem uma organização que possa dar vazão à criatividade potencial, estaremos observando organizações destinadas ao fracasso. E rapidamente.

Quase todos nós, sejamos europeus, asiáticos ou americanos, fomos moldados por organizações burocráticas dominadas por uma orientação com base no comando e no controle. Ela foi imortalizada pela prosa do escritor e sociólogo alemão Max Weber, o primeiro a chamar a atenção do mundo para o fato de que esse modelo burocrático é um gênio de inventividade social, criado para utilizar a criatividade humana e os recursos do século XIX. A maioria das organizações ainda tem essa mentalidade machista que envolve controle, ordem e previsão. As burocracias são caracterizadas por fortes divisões de trabalho, especialização, hierarquias e múltiplos níveis funcionais.

Conforme observam Parikh e seus colegas, as organizações do futuro vão assemelhar-se a redes ou a módulos. As bem-sucedidas terão hierarquias reduzidas e mais ligações entre os diversos níveis. Eu usaria três palavras para descrever esse tipo de organização: reconhecer, criar e delegar. Dada a complexidade do ambiente empresarial, acho que não temos alternativa a não ser passar do primeiro para o segundo tipo de organização.

Liderança diz respeito a inovação, iniciativa, criatividade e visão de futuro. Walt Disney certa vez disse que, se você puder sonhar com algo, então conseguirá transformar esse sonho em realidade. Os líderes

16

levam as pessoas para um novo lugar, eles fazem com que as pessoas adotem os pontos de vista deles. Se os líderes e administradores não conseguirem usar e desenvolver sua capacidade intuitiva, e criar um ambiente em que a intuição seja valorizada e recompensada, não há dúvida de que sua eficácia ficará comprometida.

Nesta importante obra, Parikh e seus colegas mostram como os líderes e suas organizações podem avançar de forma inteligente rumo ao século XXI. Pelo que sei, este é o único livro que não apenas demonstra a necessidade da intuição mas que, ao fazê-lo, desmistifica-a e mostra que ela está ao alcance de cada um de nós, se estivermos dispostos a tentar desenvolvê-la. A alternativa para isso é o desastre.

Warren Bennis
Presidente do USC Leadership Institute

Comentário do Editor

Pano de Fundo: o Contexto da Intuição

Não é de surpreender que um livro sobre intuição aplicada à administração de empresas esteja sendo dado a público neste estágio do desenvolvimento de nossa série, de vez que as duas economias mais bem-sucedidas no decorrer da última década – a do Japão e a da antiga Alemanha Ocidental – são ambas dotadas de intuição. Enquanto o Japão é abençoado com a visão contemplativa do Oriente, a Alemanha, ao menos no contexto ocidental, é famosa pelos seus filósofos profundamente intuitivos, sendo Hegel e Marx talvez os mais conhecidos. Portanto, não é de surpreender que Jagdish Parikh tenha vindo do Oriente – da Índia –, ao passo que Fred Neubauer é alemão e Alden Lank oriundo do Canadá – uma parte do mundo que, conscientemente, criou um mosaico cultural dentro de si mesma.

Além do mais, os nossos três autores moram na Suíça, país que, embora seja, por um lado, a pátria da racionalidade mecanicista, também é a terra natal de Carl Gustav Jung. De fato, no momento em que este livro está sendo publicado, o próprio Jung está sendo resgatado nos círculos administrativos. Mais do que ninguém – e ainda que indiretamente, por meio de seu discípulo americano, Isobel Myers Briggs[1] – Jung levou a intuição até as fronteiras da vida das grandes corporações.

A Esfera Empresarial Interior

O Advento da Psicologia Organizacional

Há pouco tempo – mais ou menos 30 anos – a cultura e a psicologia eram consideradas inteiramente periféricas com relação às atividades empresariais. A economia e a política, acopladas à tecnologia, ditavam as regras no âmbito das atividades comerciais. Quando eu era um jovem executivo, no final dos anos 50, lembro-me bem de ter ouvido o ministro das finanças da Rodésia colonial me dizer que psicologia era coisa para "estudantes que se sentam no fundo das salas de aula". Mesmo nos dias de hoje, a administração de empresas, em seu contexto mais primitivo, está muito mais relacionada a compras e a vendas do que ao desenvolvimento pessoal e à evolução cultural. De forma semelhante, a economia, na condição de ciência, que se baseia na racionalidade e que fundamenta as atividades empresariais, diz respeito aos conceitos não-culturais relativos ao "monetarismo" ou ao "socialismo científico". Realmente, enquanto a psicologia industrial e organizacional – quando não também a antropologia – foram incluídas no currículo dos cursos de administração de empresas, a política econômica, de maneira geral, permaneceu dominada pela polaridade capitalismo-socialismo. Desse modo, filosofias européias desenvolvidas, como o racionalismo francês, o humanismo italiano e o holismo alemão, permaneceram na periferia de esfera empresarial, eclipsados pelo empirismo de Adam Smith e pelo dogmatismo de Karl Marx. Aparentemente, esses dois pólos opressivos foram desfeitos primeiramente pelos japoneses e pela sua modalidade de coletivismo claramente bem-sucedido[2], o qual parece passar ao largo do saber econômico convencionalmente polarizado.

De fato, a alternativa mais viável à dupla polaridade ideológica foi provavelmente a desenvolvida por esse europeu de mentalidade cosmopolita, o psicanalista Carl Jung, já na década de 30, e adotada nos anos 70 pelos psicólogos que trabalham na área da administração. Todavia, enquanto, nos anos 30, considerava-se que Jung nada tinha que ver com as atividades empresariais, o inventório que Myers Briggs desenvolveu nos anos 70 muitas vezes perdeu toda ligação com Jung.

Os Tipos Psicológicos de Jung

Do ponto de vista do controle do desenvolvimento, e por motivos que em breve irão tornar-se evidentes, Carl Jung[3] provavelmente vai desempenhar, na esfera empresarial global do século XXI, o mesmo papel que Smith e Marx desempenharam nos três séculos anteriores.

O papel de Jung, de fato, será o de romper a dupla polaridade no pensamento político e econômico e de substituí-la por uma quaternidade (ver a Figura F. 1) em termos psicológicos e culturais, bem como administrativos e, também, comerciais. Carl Jung, embora de nacionalidade suíça, tinha uma perspectiva particularmente internacional. Por ser um estudioso da literatura e das mitologias de todo o mundo, ele cultivou um interesse especial pela China, e também passou um considerável tempo na África. A maior parte de seu trabalho foi desenvolvida na Europa, e ele fez várias *tournées* de conferências nos Estados Unidos. Como psicanalista, filósofo e ser humano, Jung foi um verdadeiro cosmopolita do século XX.

Pensamento

Sensação   *Intuição*

Sentimento

Figura F.1 Tipos psicológicos

Para Jung, as diferenças básicas de personalidade são decorrentes da maneira como as pessoas preferem usar a mente, da maneira como elas percebem as coisas, e da maneira como fazem seus julgamentos. A *percepção* envolve o processo de tomada de consciência das coisas, de pessoas, de fatos e de idéias. O *julgamento* envolve os processos através dos quais chegamos a conclusões a respeito do que foi percebido. Enquanto a percepção determina o que as pessoas vêem em certa situação, o julgamento determina as decisões que elas tomam acerca disso. Para Jung, portanto, a humanidade está equipada com duas formas diferentes de percepção nitidamente contrastantes. Um dos meios é o familiar processo da *sensação*, no qual tomamos consciência das coisas diretamente por meio dos cinco sentidos. O outro é o processo de *intuição*, que é uma forma de percepção indireta por meio do inconsciente, incorporando idéias e associações que o inconsciente acrescenta às percepções do mundo exterior. Ela varia desde o mero "palpite" masculino ou "intuição feminina" até as maiores realizações artísticas e científicas. Quando as pessoas preferem sentir, elas ficam tão interessadas na realidade à sua volta que não conseguem prestar muita atenção às idéias que chegam aos poucos do nada. As pessoas que preferem a intuição acham-se absorvidas em procurar as possibilidades que ela apresenta e, por isso, raramente prestam muita atenção à realidade imediata.

Com a prática constante, o processo preferido torna-se mais controlado e digno de confiança. As crianças tornam-se mais adultas no uso de seu processo preferido do que no uso menos freqüente do processo negligenciado. O prazer delas passa do processo em si para as atividades que requerem o processo, e tendem a desenvolver características visíveis relacionadas com o fato de encararem a vida de uma dada maneira. Cada grupo torna-se relativamente adulto numa área em que o outro permanece infantil. Ambos voltam seus interesses e seu empenho para atividades que lhes proporcionam a oportunidade de usar a inteligência da forma como preferirem.

Tal quaternidade de tipos psicológicos, de domínios da administração e de estágios de desenvolvimento será mutuamente dependente em vez de mutuamente exclusiva, tanto no espaço como no tempo. Em outras palavras, à medida que um administrador ou que uma organização desenvolve-se ao longo da vida ou espalha-se pelo mundo, ele ou ela terão de passar pela quaternidade. Ao contrário do comunismo e do capitalismo, que se excluem mutuamente, os mundos interiores da sensação, da intuição, do pensamento e do sentimento darão as boas-vindas uns aos outros, se houver crescimento. Prossigamos agora, intencionalmente, rumo ao que foi chamado de "esfera empresarial interior"[4]. Em sua teoria dos tipos psicológicos, Jung concebe os quatro atributos de personalidade presentes em cada ser humano. Esses tipos vêm à luz a partir de duas formas de percepção, combinadas com duas formas de julgamento. O *pensamento* é uma característica predominante nas organizações estruturadas do norte. Na Grã-Bretanha, ela é considerada mais escocesa do que inglesa, e, na Itália, mais piemontesa do que napolitana. A administração analítica e racional, portanto, adota uma abordagem objetiva para a tomada de decisões. O *sentimento*, ao contrário, é uma característica predominante das organizações personalizadas do sul. Ela é mais irlandesa do que escocesa, mais africana do que européia, mais humanista do que racionalista. Os julgamentos empresariais são geralmente exercidos numa base subjetiva.

A Esfera Empresarial Exterior

O espaço interior do administrador global tem sua imagem especular no assim chamado espaço exterior do empresário global. O Ocidente é caracterizado por uma abundância de senso comum; o Norte por uma cabeça equilibrada; o Leste pela intuição feminina; e o Sul pela intensidade dos sentimentos. A verdadeira corporação global, tendo alcançado a maturidade, expande a esfera empresarial não apenas em termos geográficos mas, também, psicológicos. Embora conservando suas tendências originais, ela transforma-se num todo por meio de suas ações recíprocas com outros domínios psicológicos e geográficos. Ela, portanto, cria um empreendimento concentrado na ação, uma organização racionalmente estruturada, um produto de qualidade e uma cultura inspirada. Na medida em que obtém sucesso em seu empreendimento global, tal corporação passa a incluir um conjunto de seis características, representando os aspectos rigorosos e amenos de cada um dos quatro tipos psicológicos de Jung. Este livro está relacionado sobretudo com o caráter intuitivo, tão freqüentemente ignorado na tradição administrativa do Ocidente, que enfatiza a liderança concentrada na ação. Jung refere-se a esse modo de ação como tendo por base a "sensação".

Sensação vs. Intuição

Segundo Myers Briggs, discípulo de Jung, qualquer um que prefira a sensação à intuição está interessado basicamente na realidade, ao passo que aquele que prefere a intuição à sensação está interessado principalmente nas possibilidades. As pessoas do primeiro tipo percebem as coisas por meio de seus cinco sentidos. Aquilo que lhes chega diretamente por meio dos sentidos faz parte da experiência dessas pessoas e, portanto, merece confiança. Elas tendem a definir inteligência como "compreensão clara", uma firme concordância entre as conclusões e os fatos.

Os intuitivos, comparativamente, têm pouco interesse pelas informações sensoriais. Em vez disso, procuram ouvir as intuições que chegam do inconsciente trazendo vislumbres animadores quanto a possibilidades – alçando vôo rapidamente a partir de um território conhecido e terminando num violento mergulho em direção a um ponto avançado, sem etapas intermediárias aparentes.

Sensorial	Intuitivo
Encara a vida com os sentidos atentos, ansiando pelo prazer	Encara a vida com expectativa, ansiando pela inspiração
Reluta em sacrificar o prazer de hoje em favor de um ganho futuro	Como vive no futuro, não é um grande sacrifício abster-se de uma satisfação do presente
Deseja sobretudo as posses e sua fruição, querendo ter o que as outras pessoas têm	Quer oportunidades e possibilidades, esquecendo aquilo que os outros têm e fazem
Corre o risco de ser frívolo, salvo se obtiver certo equilíbrio por meio do julgamento	Corre o risco de ser volúvel, salvo se obtiver certo equilíbrio por meio do julgamento

De fato, Myers Briggs identifica quatro tipos de administradores, cada um dos quais tem um lado fortemente intuitivo:

- *solucionadores de problemas.* Esses administradores tendem a ser independentes e impessoais em seu relacionamento com as pessoas. Têm mais propensão para considerar o modo como os outros poderão afetar os seus projetos. Podem ser inventores, solucionadores de problemas ou fomentadores, mais aptos a iniciar projetos do que em completá-los. Eles sentem-se encarregados da missão de realizar uma possibilidade.
- *facilitadores.* Essas pessoas são mais animadas do que os seus correspondentes mais pensativos, e têm mais capacidade para lidar com as pessoas. Gostam de dar conselhos e são extremamente perceptivos com relação às maneiras de ver das pessoas. Na melhor das hipóteses, seus dons de introvisão estão combinados com a capacidade de inspirar as pessoas.
- *criadores.* Esses são os mais independentes de todos os tipos de administradores. Qualquer que seja o campo de atuação dessas pessoas, é provável que sejam inovadores. No mundo dos negócios, eles são reorganizadores natos. A intuição lhes proporciona uma imaginação iconoclasta e uma boa visão das possibilidades; as idéias originais representam uma capacidade organizadora de importância fundamental. O pensamento extrovertido torna possível uma capacidade de organização de suma importância.
- *harmonizadores.* Os administradores desse tipo interessam-se naturalmente pelas pessoas e se preocupam com a harmonia o suficiente para quererem conquistar a aceitação de seus propósitos. Suas visões provavelmente dizem respeito ao bem-estar humano. Eles sentem-se estimulados pelas dificuldades e resolvem-nas engenhosamente.

Organizações Sensoriais vs. Organizações Intuitivas

O psicólogo organizacional William Bridges[5] é outro intérprete contemporâneo de Jung que atua no contexto empresarial dos Estados Unidos. Depois de fazer uma ampla comparação e de contrastar atentamente as organizações sensoriais e intuitivas, ele prossegue identificando diversas dessas organizações de base intuitiva.

Organizações sensoriais	Organizações intuitivas
Saem-se melhor lidando com detalhes	Saem-se melhor observando todo o quadro mais amplo
Conseguem lidar com grande quantidade de dados	Conseguem identificar tendências que estão surgindo
Preferem rotinas rígidas	Não se prendem a rotinas
Preferem mudanças quantitativas	Preferem mudanças transformativas
Fazem melhoramentos	Mudam paradigmas
Vêem o futuro como uma extensão do presente	Acreditam que o futuro pode ser criado
Enfatizam os objetivos e os planos	Enfatizam o propósito e a visão
Confiam na experiência e nas autoridades	Confiam na introvisão e na criatividade
Organizam-se funcionalmente	Organizam-se transfuncionalmente

Cada tipo de organização citado a seguir representa uma abordagem basicamente intuitiva, combinada com uma diferente mistura de introversão (I), extroversão (E), pensamento (T), Sentimento (S), Julgamento (J) e Percepção (P). Tomei a liberdade de acrescentar as minhas próprias sugestões quanto à suas organizações representativas, num contexto global.

A Organização ETJ – Tecnocrática (ALCATEL/ALSTHOM)

O cerne deste tipo de organização é a estratégia. Ela desenvolve políticas subordinadas a tais estratégias e espera que as pessoas se adaptem a elas, sem necessariamente explicar a sua importância. A estratégia é estabelecida a partir de uma compreensão intuitiva da situação e a organização persegue os seus objetivos obsessivamente, freqüentemente ignorando os aspectos humanos relativos àquilo que ela está tentando fazer. Como ela encara as questões empresariais de uma forma impessoal, as questões pessoais são varridas para debaixo do tapete. Na melhor das hipóteses, a organização é franca e clara; na pior, é dogmática e autoritária. Em especial, quer manter o controle do seu destino e, sempre que esse controle é ameaçado, a organização se vê às voltas com problemas. Há sempre um modelo de realidade por trás do plano de tal organização, e o modelo freqüentemente explica o modo como as coisas funcionam. Em conseqüência, a organização sai-se melhor na grande estratégia do que nas táticas de implementação. Tanto para seus clientes como para seus funcionários, porém, ela tende a abordar as situações a partir da perspectiva da engenharia, procurando soluções mecanicistas e pesando cuidadosamente as variáveis. Os líderes de tais organizações, que na verdade tendem a ser individualistas, podem endossar o autodesenvolvimento – isto é, o seu próprio desenvolvimento e não o dos outros. No final das contas, sua abordagem para lidar com as pessoas é simplista. Supõe-se que as pessoas compreendam as idéias que estão por trás do plano e que isso seja suficiente. Espera-se que elas consigam envolver-se numa intensa interação verbal.

A Organização ITJ – Informática (CPG, Bull)

Esse tipo de organização é independente, inovador, iconoclasta e, provavelmente, considera-se único. Ela muitas vezes baseia-se em aventuras intelectuais ou científicas, e a voz da autoridade significa pouco se elas vêem aquilo que consideram ser verdade ou realidade.

Tudo exige prova e é passível de discussão. Não existem vacas sagradas. Essa organização freqüentemente descobre possibilidades, particularmente de natureza prática ou tecnológica, em que outras deixam de fazê-lo.

O forte da organização é a estratégia e não a prática. Muitas vezes, a solução criativa é mais interessante do que o plano detalhado para transformar a idéia num produto viável. Há mais interesse em compreender do que em fazer as coisas, e certa tendência para querer adaptar-se a um modelo intelectual em vez de aceitar as coisas tais como são. Ela também pode mostrar-se insensível aos aspectos humanos do que quer que esteja fazendo. Ela silencia as críticas escondendo os acontecimentos. A organização gosta de lidar com informações e se impacienta com os aspectos mais amenos da comunicação, os quais são considerados "conversa fiada" e, assim, colocados de lado. Desse modo, ela não administra bem as suas relações humanas, esquecendo que as pessoas precisam de apreço e que existe tanto a sabedoria do coração como a da cabeça. Internamente, esse modo de operar pode adequar-se à função de tecnologia de informação no âmbito da organização.

A Organização ETP – Adaptável (Lego, Novo, Norsk)

Esse tipo de amor da organização pela conceituação e resolução de problemas pode transformar o trabalho num jogo. Na melhor das hipóteses, portanto, ela cria uma solução para um problema difícil. Dizer que alguma coisa não pode ser feita é um grande desafio intelectual. Por outro lado, uma vez resolvido o problema – e mesmo que a solução ainda esteja no papel – o entusiasmo pode desaparecer. Assim, é possível que ela passe para um novo problema antes de beneficiar-se materialmente com a introvisão e a criatividade que fizeram parte da solução do problema anterior. Na melhor das hipóteses, pode fazer grandes descobertas. Na pior, essas descobertas podem não chegar nunca a assumir a forma de empreendimentos lucrativos.

Essa abordagem faz uso da improvisação, tanto interna como externamente. Em conseqüência, ela é indicada para se lidar com situações em mudança, conquanto possa ter demasiado apreço pela mudança. Essas organizações raramente são hierarquizadas e a liderança é uma questão de inteligência e de criatividade, e não de posição. Esses líderes têm colegas e companheiros, em vez de seguidores. Eles atuam rapidamente e estão preparados para correr riscos. Espera-se que as pessoas tenham espírito crítico, gostem de desafios, formem rapidamente um quadro da situação e comecem a melhorá-la. Ser lento e ponderado significa não adaptar-se. Os procedimentos formais e regulamentos, portanto, não são levados a sério, e as questões práticas da organização podem ficar bastante confusas. Internamente, isso pode refletir-se numa tendência para se enfatizar a pesquisa e o desenvolvimento no âmbito da empresa.

A Organização ITP – Igualitária (IKEA, Eriksson)

Esse tipo de organização é mais apropriado para se lidar com sistemas e projetos, porém concentra-se na criação ou compreensão desses projetos e não na sua implementação ou transformação em produtos replicáveis. Ela não se envolve em atividades que exijam que as coisas sejam feitas vezes sem conta de uma forma rotineira. A organização está sintonizada com o que quer que estiver surgindo no mundo e, muitas vezes, vê-se ocupando uma posição de vanguarda em seu campo de atuação. A complexidade é o maior estímulo para os seus esforços.

Tais organizações tendem a ser solitárias no mundo dos negócios, seguindo o seu próprio caminho, sem se associar a outras e sem participar de *joint ventures*. Elas nem ao menos se comunicam muito bem com os seus clientes e não prestam muita atenção aos sentimentos de seus empregados. A liderança faz pesadas exigências aos funcionários da empresa e espera que a emoção do processo de trabalho seja a sua própria recompensa. Os relacionamentos pessoais são distantes, porém igualitários. As boas idéias são respeitadas, não importando quem as tem. Acima de tudo, há em sua visão de mundo um forte componente do tipo "o modo como as coisas devem ser feitas". Tal orientação condiz com um grupo de planejamento dentro de uma organização já existente.

A Organização ISJ – Harmônica (Mitsubishi, Toyota)

Esse tipo de organização opera silenciosamente, mas, nos bastidores, há um forte compromisso com as metas e valores que adota. Qualquer que seja o campo da organização, são as suas crenças que definem seu propósito e estratégia. Além do mais, pode-se facilmente superestimar o poder, a imaginação e o entusiasmo da organização por causa da aura de responsabilidade que ela transmite. De fato, algumas de suas decisões são tomadas e empreendimentos iniciados com um tipo de sexto sentido pelas possibilidades da situação.

É provável que a liderança seja adaptável e sensível a situações mutáveis – isto é, até que um de seus valores básicos seja ameaçado. Então, a organização inteira aferra-se a uma excessiva teimosia. Ao mesmo tempo, qualquer tipo de conflito é evitado ao máximo e busca-se e espera-se que haja harmonia entre os funcionários da organização. Embora internamente haja sensibilidade com relação às críticas, há uma percepção das reais necessidades dos clientes e da organização. As políticas de recursos humanos tendem a enfatizar o uso das capacidades individuais das pessoas e, em troca, presumem a existência de um compromisso firme da parte delas. Todos os tipos de atividades de desenvolvimento adequam-se ao estilo da organização – treinamento, orientação, instrução e planejamento de carreira. Ao enfatizarem a importância de se conservar todos os funcionários, porém, estas organizações estão sujeitas a graves problemas.

A Organização ISP – Inovadora (Apple, Honda, Sony)

Esse tipo de organização está sujeito a envolver-se em alguma espécie de cruzada, seja uma cruzada social ou a busca de um produto ou serviço melhor. Há o sonho fundamental de melhorar o mundo. Os seus valores são poderosos, embora talvez não estejam claramente articulados. Ela tem otimismo e esperança, qualquer que seja o seu grau de maturidade. Isso pode fazer com que a organização se torne um tanto ingênua e é provável que ela apresente certa resistência a estruturas e sistemas formais.

A organização opera com base na pressuposição de que as pessoas são bem-intencionadas. Por esta razão, ela tem dificuldades com pessoas que não têm em vista os melhores interesses da organização. Ela pode ver-se em dificuldades quando estiver competindo com uma organização que joga com os instintos humanos fundamentais. No que diz respeito a lidar com mudanças, o forte da organização é a percepção do potencial das situações, especialmente das situações humanas. Isso lhe permite uma percepção precoce das tendências e torna possível a implementação das mudanças de uma forma eficaz. Seu ponto fraco está na fase que vem após as mudanças. Ao mesmo tempo, sua tendência para fazer as coisas de uma forma esteticamente agradável permite que a organização flua de uma coisa para outra de uma maneira que desagregaria outras organizações.

A Organização ESP – Comunal (Cashbuild, Olivetti)

Esse tipo de organização tende a cair em duas categorias – a das criativas, que desenvolvem novas idéias ou produtos para as pessoas, como a Olivetti, na Itália, e as idealistas, que desenvolvem, servem ou esclarecem as pessoas, como a Cashbuild, na África do Sul.[6] Em qualquer dos casos, as organizações vêem as possibilidades nas pessoas e para essas pessoas. Nessas organizações, os líderes procuram resistir às ordens ou determinações. Tentam persuadir, muitas vezes apelando para valores comuns. Essas organizações têm alguma dificuldade para lidar com detalhes e com a fase de acompanhamento que se segue à apresentação de um novo serviço ou produto. Elas vêem o quadro geral e esperam que as coisas se desenvolvam de acordo com algum padrão natural. Elas preferem a comunicação oral à comunicação escrita e tendem a ser igualitárias – todo mundo tem voz e, até mesmo, voto. Ninguém se sente excluído, embora o consenso possa ser alcançado à custa da produção. Elas mostram-se responsivas às tendências do ambiente em que se inserem, conquanto essa busca de tendências possa degenerar numa tendenciosidade. Internamente, há a expectativa de harmonia, mas dentro de um contexto de individualidade. Elas são um bom lugar para as pessoas que valorizam a liberdade mas não são um lugar assim tão bom para aqueles que valorizam a supervisão. Elas correm o risco de tornarem-se fluidas a ponto de estarem sempre prestes a se dissolver.

A Organização ESJ – Carismática (Benetton)

Esse tipo de organização é dinâmica e tem um estilo enérgico e positivo. Ela administra as mudanças melhor do que muitas outras organizações, enfatizando a meta que se tem em vista e assegurando que ela seja compartilhada por todos. De fato, ela sente-se mais confortável do que a maioria das organizações quando se trata de falar sobre os seus sonhos. O resultado disso é que elas são caracterizadas por um elevado grau de mútua ação humana. Espera-se cooperação, e as questões humanas são atendidas, embora a organização muitas vezes possa ficar aquém de seus ideais. Além disso, como as necessidades humanas são levadas demasiado a sério, este tipo de organização freqüentemente apresenta conflitos ocultos por trás da cooperação. Cooperação e conflito são os dois lados da moeda "as pessoas são importantes".

Essas organizações levam a sério os valores e a cultura, de modo que as idéias e princípios podem ficar em posição secundária. As comunicações tenderão a ser menos racionais e mais simbólicas. Espera-se que as pessoas mantenham-se ativas depois que seus papéis tiverem sido determinados. Elas têm metas elevadas e conseguem mostrar-se à altura delas com surpreendente freqüência. A dependência com relação às pessoas – não de seus papéis mas de seus talentos e de sua integridade – significa que essas organizações tendem a subestimar a importância das regras e dos padrões. E liderança freqüentemente está concentrada no carisma individual ou é difundida através de uma equipe coesa. Os membros da equipe conversam muito entre si e as hierarquias fixas são vistas com desconfiança. Nessas organizações, é provável que os líderes trabalhem de maneira um tanto intuitiva. A organização, de fato, sai-se melhor do que a maioria quando se trata de lidar com situações não-estruturadas.

Conclusão: A Nova Fronteira da Administração

São múltiplas as contribuições que Parikh e seus colegas do IMD fizeram em favor da Administração Desenvolvimental. Primeiramente, eles se deram o trabalho de levar a sério o uso da intuição no mundo dos negócios e despenderam algum tempo com isso. Em segundo lugar, sendo eles professores das áreas complementares do autodesenvolvimento (Parikh), do desenvolvimento de organizações (Lank) e do desenvolvimento empresarial (Neubauer), eles adotaram uma abordagem cuja profundidade e amplitude não têm precedentes na literatura da área da administração. Em terceiro lugar, sendo eles, respectivamente, do lado ocidental (Lank), nórdico (Neubauer) e oriental (Parikh), a obra deles é muito mais cosmopolita do que qualquer outra coisa que, até o momento, tenha aparecido na literatura relativa à administração. Em quarto lugar, eles combinaram uma apreciação holística da intuição com um rigoroso empirismo, por meio de suas extensas pesquisas pelo mundo. Além disso – e, tanto quanto sei, pela primeira vez – eles levaram a cabo uma combinação da intuição, como um fenômeno pessoal, com a criação de sonhos, como um fenômeno administrativo e organizacional.

Ronnie Lessem

Notas

1. I. Myers Briggs, *Gifts Differing* (Consulting Psychologists Press, 1980).
2. M. Albert, *Capitalisme contre Capitalisme* (Editions du Seuil, 1991).
3. C. Jung, *A Dictionary of Analytical Psychology* (Ark Paperbacks, 1987).
4. R. Lessem e F. Neubauer, *European Management Systems* (McGraw-Hill, 1993).
5. W. Bridges, *The Character of Organizations* (Consulting Press, 1992).
6. A. Koopman, *Transcultural Management* (Blackwell, 1991).

Prólogo

Há mais coisas entre o céu e a terra, Horácio, do que sonha a nossa filosofia.

Hamlet, Ato I, Cena V

O hábito estúpido que está na moda diz respeito a considerar como fraude tudo o que não se consegue explicar.

Carl Gustav Jung (1875-1961)

Durante a última década, as nossas abordagens relativas à administração – tanto no ensino como na prática – estiveram sob ataque cerrado. Os estudiosos levantaram a alarmante questão: "Administração e ensino da administração no Ocidente: o que é certo e o que é errado?".[1] Os profissionais queixam-se de que nossas escolas de comércio produzem grupos de administradores que podem ser brilhantes analistas mas que não sabem como criar e fazer uma empresa crescer.

Qual a razão desse desencanto com as nossas abordagens relativas à administração? Uma das hipóteses é que poderemos estar ensinando soluções apropriadas para solucionar problemas antigos e aplicando-as aos problemas de hoje. Não haveria nada errado nisso se os nossos problemas não tivessem mudado profundamente. No período que vai até a década de 80 (quando passamos por longas fases caracterizadas pelo crescimento), o maior problema era selecionar, dentre um grande número de oportunidades, as particularmente lucrativas. Um grande número de instrumentos analíticos – muitos dos quais desenvolvidos em resposta às principais questões desse período – nos prestavam uma notável ajuda nesse processo.

Desde então, tivemos de aprender, penosamente, que a nossa principal tarefa administrativa mudou: um dos principais problemas administrativos de hoje é a necessidade de revitalizar empresas cujos lucros (e, freqüentemente, vendas) estejam em queda e fazer isso num ambiente empresarial caracterizado por mudanças rápidas e complexas. Igualmente dolorosa foi a experiência de descobrirmos que a nossa reluzente caixa de ferramentas, fortemente influenciada pelas escolas comerciais anglo-saxônicas, há muito tempo admiradas (e copiadas), não é mais tão apropriada para lidar com esses novos problemas. De fato, países que seguiram essas prescrições de forma particularmente fiel parecem estar tendo mais dificuldade para sair da atual recessão. Para tornar as coisas ainda piores, alguns observadores estão apresentando evidências de que o ensino e a aplicação desses instrumentos analíticos praticamente eliminam essas mesmas qualidades – criatividade e iniciativa – que, em geral, são consideradas pré-requisitos para uma revitalização bem-sucedida de empresas estagnadas.

Foi essa situação que estimulou diversos estudiosos e profissionais de administração a procurar meios não-convencionais para superarmos as dificuldades que estamos enfrentando. Um desses meios é o esforço para compreender mais o papel da intuição na administração.[2] Não há razão para um excesso de entusiasmo: ninguém está sugerindo que nossos respeitáveis instrumentos analíticos sejam atirados à fogueira. Há um consenso geral de que devemos continuar a usá-los – nas situações em que forem apropriados. Os defensores de um modo de pensar não-racional pedem que o mesmo tempo e atenção sejam concedidos às formas intuitivas de administração e às abordagens analíticas.

Com esse espírito é que este livro foi escrito. Não podemos deixar de reconhecer que os bons administradores têm os pés no chão e apóiam-se na realidade: quando há necessidade de se tomar decisões, eles certamente analisam todos os fragmentos de informações que estiverem ao seu alcance; ao mesmo tempo, porém, e sempre que chega o momento de tomar uma decisão, recorrem a seus sentimentos. Que tal lhes parece decidir em favor dessa ou daquela alternativa? Ao ser indagado acerca dos critérios que nortearam a escolha de seu sucessor, Hermann Strenger, ex-presidente da multinacional alemã Bayer, respondeu que, para um bom executivo, é importante "ser capaz de pensar estrategicamente, de motivar os outros e de *ter sensibilidade com relação a pessoas e a tendências*, seja nos negócios, na tecnologia ou na política" (o grifo é nosso).[3]

Os administradores não estão sozinhos nessa abordagem. Um colecionador de antigos manuais para capitães de navios da Marinha Real Britânica nos disse que, nas informações para a preparação de um navio no que concerne a enfrentar uma tempestade, todo capitão era orientado a executar certo número de procedimentos de rotina – passos lógicos e sistemáticos – para proteger o navio e sua tripulação de um possível desastre. Depois de ter executado todas as medidas prescritas, no entanto, o capitão também era solicitado a perguntar a si mesmo como de fato ele se sentia a respeito da situação e dos preparativos.

Embora, em alguns casos, os elogios ao papel da intuição sejam apenas "da boca para fora", dispomos agora de evidências de que a intuição realmente parece desempenhar um papel fundamental na vida profissional dos administradores. Nosso Levantamento Internacional Sobre a Intuição ("Levantamento", por questão de brevidade), descrito a seguir, mostra que 53,6% dos administradores consultados afirmam que usam em igual proporção a Intuição e a Lógica/Raciocínio. Cerca de 7,5% afirmam que usam mais a Intuição, e os restantes (38,9%) declaram que usam mais a Lógica/Raciocínio em seu trabalho. Eles estão nos dizendo que administrar é mais do que contar, pesar e medir.

Este livro destina-se basicamente a administradores e a professores de escolas de administração, conquanto haja muitas coisas que podem despertar o interesse de qualquer pessoa que esteja interessada na intuição e em seu uso mais amplo. O Capítulo 1 explica por que a intuição vem despertando cada vez mais interesse, e classifica as razões nos níveis do globo, da organização e do indivíduo. O Capítulo 2, embora reconhecendo os méritos das abordagens quantitativas/analíticas na administração, argumenta que elas não são mais suficientes para lidar com os desafios presentes e futuros. Ele responde à pergunta: "Por que precisamos da intuição na administração dos negócios?", e esclarece o papel de um estilo de administração intuitiva para criar um sonho, escolher um rumo ou tomar uma decisão. O Capítulo 3 adota uma abordagem eclética para tentar definir esse fenômeno de difícil compreensão. Ele é caracterizado como sendo multidimensional (sendo uma habilidade, uma característica, um ser), multicontextual (resposta instantânea, de curto prazo, contínua) e dotado de múltiplos níveis de consciência (consciência lógica, subconsciente, inconsciente e supraconsciente). A intuição, portanto, é exemplificada por meio de suas manifestações como substantivo, verbo e adjetivo.

O capítulo termina demonstrando justamente aquilo que a intuição não é, e relacionando os atributos da intuição autêntica. Esse é provavelmente o tratamento mais completo da definição encontradiça na literatura sobre intuição.

Para se ter acesso à intuição é necessária a capacidade de relaxar e de receber, ao passo que, para acentuá-la, é preciso facilitar a criação de uma introvisão e ter a capacidade de utilizá-la. O Capítulo 4 introduz o leitor nos processos e técnicas para fazer ambas as coisas.

Os Capítulos 5 e 6 abordam os resultados gerais do levantamento. Sendo comprovadamente o mais ambicioso levantamento deste tipo, ele relata as descobertas obtidas a partir de um questionário preenchido por 1312 administradores *top* e *senior* de organizações relativamente grandes – industriais ou de prestação de serviços – representando uma população estimada de 1.463 mil pessoas, distribuída por nove países. A extensão geográfica tratada é ampla: Europa (Áustria, França, Holanda, Suécia e Reino Unido), Estados Unidos, Japão, Brasil e Índia. Assim, a amostra reflete os pontos de vista das economias industriais de mercado, dos países em desenvolvimento de renda média (Brasil) e dos países em desenvolvimento de renda baixa (Índia). Os assuntos abordados incluem:

- uma avaliação objetiva da intuição e uma auto-avaliação, bem como uma análise da associação entre as duas avaliações;
- descrições de Intuição;
- grau da concordância com as três descrições de Intuição apresentadas pelos pesquisadores;
- percepção da relevância da Intuição na administração de empresas e em outros campos;
- meios de identificação da intuição e grau em que a intuição é acompanhada por vários fenômenos;
- grau do uso da Intuição (enquanto oposto da Lógica/Raciocínio) na vida pessoal e profissional;
- opiniões sobre determinadas noções acerca da Intuição e de seus aspectos.

Para os leitores interessados nas dimensões mais técnicas do Levantamento, os relatórios sobre cada país e os questionários utilizados são apresentados nos apêndices.

Os Capítulos 7 e 8 estão estreitamente ligados entre si. O primeiro apresenta os conceitos gerais de visão e visionamento. Aborda as características de uma visão ampla e a importância de, no processo de planejamento empresarial, trabalharmos a partir de uma visão e não voltados para ela. Dados esses conhecimentos, o Capítulo 8 apresenta, com bastantes detalhes, os nove passos do modelo Parikh-Neubauer de criação de uma visão empresarial. Do visionamento reflexivo (lógico), os autores passam ao visionamento intuitivo: isso leva a uma visão de integração que, quando comparada à realidade do momento, pode conduzir-nos a planos de ação factíveis.

Por mais entusiasmados que nós, os autores, estejamos com os nossos esforços para descobrir novos horizontes no âmbito da administração de empresas, estamos mais conscientes do que ninguém acerca das limitações desse esforço. Uma das razões para isso é que há pouquíssimas placas de sinalização no caminho que leva a novos horizontes. Não obstante, empreendemos esse esforço porque sentimos que ele é extremamente necessário. Apresentamos o resultado ao leitor com a disposição de espírito expressa por uma frase do poeta romano Horácio: "Se o seu conhecimento for melhor, faça-me saber imediatamente; se não, peço-lhe que aceite o meu."

Notas

1   Harold J. Leavitt, "Management and Management Education in the West: what's right and what's wrong?" *London Business School Journal*, Verão de 1983, pp. 18-23.

2   A palavra "intuição" é apresentada com iniciais maiúsculas sempre que houver uma referência específica ao nosso Levantamento Internacional sobre Intuição. Caso contrário, o "i" será representado com letra minúscula.

3   "New chairman inheriting Bayer tradition", *Wall Street Journal*, 24 de abril de 1992.

Agradecimentos

Um número considerável de pessoas ajudou a tornar possível este livro.

Destas, apenas algumas podem ser citadas aqui pelo nome. Devo mencionar em primeiro lugar o dr. Juan F. Rada. Como diretor-geral do International Management Institute (IMI), em Genebra, Suíça, e, subseqüentemente, à testa do International Institute for Management Development (IMD-International) – resultado da fusão, em 1990, entre o IMI e o IMEDE, em Lausanne – ele estimulou e apoiou as pesquisas que resultaram neste livro. Depois dele, o IMD, sob o comando de seu diretor-geral interino, dr. Xavier Gilbert, continuou a dar o seu apoio. Sem a ajuda do IMI e do IMD, este livro simplesmente não teria visto a luz do dia.

Uma boa parte deste livro é dedicada aos resultados de nosso Levantamento Internacional sobre Intuição. Este Levantamento foi realizado por uma comissão especial de pesquisa integrada pelos três autores e presidida por Jagdish Parikh. A implementação bem-sucedida, portanto, dependeu dos coordenadores dos nove países, cuja tarefa principal foi a de arrolar respondedores – um formidável empreendimento. Na Áustria, esse papel foi executado pelo Instituto Hernstein. Os outros coordenadores foram Luiz Villares (Brasil), Jean-Louis Servan-Schreiber (França), Peter Idenberg (Holanda), Jagdish Parikh (Índia), Nobumitsu Doi (Japão), Marika Marklund e Jan Bakelin (Suécia), John Pontin (Reino Unido) e Herman Maynard (EUA). A eles estendemos os nossos agradecimentos, tal como fazemos aos 1312 administradores *top* e *senior* que contribuíram com uma parte significativa de seu valioso tempo para responder o extenso questionário. Suas introvisões e contribuições a respeito da intuição e de seu uso como uma ferramenta não-racional na administração enriqueceram enormemente esta obra. Também estamos em débito com o estatístico C. Parthasarathy, que processou o grande volume de dados numéricos produzido pelo Levantamento.

No decorrer do longo período de gestação deste livro, os autores foram particularmente influenciados por um grupo de pensadores que refletiam a respeito da intuição. Gostaríamos de manifestar o nosso especial apreço a Karl Pribram, Mike Aron, Willis Harman, Michael Ray, Frances Vaughan, William Millar, Karen Buckley e a Larry McKenny. Esperamos que eles encontrem neste livro a prova de que o tempo que despenderam conosco resultou no aumento da literatura no campo ao qual eles têm dedicado tanta inteligência e energia.

Agradecemos também ao Professor Ahmet Aykaç, do IMD, que esteve disponível para nos aconselhar ao longo de todo o projeto. O projeto sobre a intuição foi apenas um dos empreendimentos do IMD que se beneficiaram com a mente aguda deste interlocutor ideal para uma discussão. Neste contexto, precisamos mencionar também o Professor Ronnie Lessem, da City University, Londres. Na qualidade de editor da série Blackwell sobre Administração Desenvolvimental, ele teceu comentários importantes e muito valiosos a respeito do manuscrito.

Por fim, há ainda três pessoas importantes cujo apoio foi fundamental para os autores. Em primeiro lugar está Victoria Fernandes, de Bombaim, cuja paciência e habilidade como secretária transformaram um número aparentemente infinito de folhas-rascunho em um manuscrito apresentável. No IMD, as secretárias Sandra Bodmer e Juliet Greco contribuíram de muitas maneiras, inclusive mantendo o fluxo das comunicações internacionais entre nós três.

Apesar de nosso débito a todas as pessoas a quem fazemos os nossos agradecimentos, a responsabilidade por quaisquer falhas que este livro possa ter é, obviamente, apenas nossa.

Jagdish Parikh
Fred Neubauer
Alden G. Lank
Bombaim/Lausanne

1

O Contexto da Intuição

Virei minha cadeira para a lareira e adormeci... Uma vez mais, os átomos estavam cabriolando diante de meus olhos. Dessa vez, os grupos menores se mantinham modestamente no fundo. Meu olho mental, que se tornara mais aguçado em virtude de repetidas visões desse tipo, podia agora distinguir estruturas maiores, com múltiplas conformações; longas fileiras, às vezes encaixadas mais firmemente umas às outras; todas dobrando-se e curvando-se, num movimento semelhante ao feito por uma cobra. Mas, olhe! O que foi aquilo? Uma das serpentes tinha abocanhado a própria cauda, e o conjunto formado rodopiava zombeteiramente diante de meus olhos. Acordei como se tivesse sido despertado pela luz de um relâmpago... Aprendamos com os sonhos, cavalheiros.

Friedrich August von Kekulé (1829-1896). Químico orgânico alemão, descrevendo sua revolucionária descoberta da estrutura em anel fechado, encontrada em moléculas de determinados compostos orgânicos

Em anos recentes, a intuição, como conceito, tem atraído cada vez mais interesse e atenção. Há várias razões para esse fenômeno, particu-

43

larmente no mundo dos negócios, e elas podem ser agrupadas nos níveis global, organizacional e individual.

Nível Global

Mudança, Complexidade, Incerteza e Conflito

Uma das características mais notáveis dos últimos anos tem sido a experiência da mudança – tanto quantitativa como qualitativa. Em todas as dimensões da vida – tecno-econômica, psicossocial e política – o ritmo das mudanças foi acelerado. Em conseqüência, deparamos com incertezas, complexidades e conflitos cada vez maiores. Os padrões de pensamento convencionais, analíticos e lógicos já não são mais suficientes para compreendermos os cenários atuais ou que estão prestes a surgir, nem para lidarmos com eles. Consciente ou inconscientemente, portanto, a pessoa precisa recorrer à intuição, a qual geralmente é descrita como uma maneira de "saber" espontaneamente, sem o uso consciente da lógica ou do raciocínio analítico.

Para lidar com mudanças tão rápidas, é necessário certo sentido de estabilidade interior; para lidar com a complexidade, é preciso uma âncora de simplicidade; para lidar com a incerteza, a pessoa tem de desenvolver um nível mais profundo de sistema de apoio interno; e para lidar com o conflito faz-se necessário uma capacidade especial de síntese, um nível mais profundo de percepção. A intuição parece facilitar o cultivo dessas qualidades (ver a Figura 1.1).

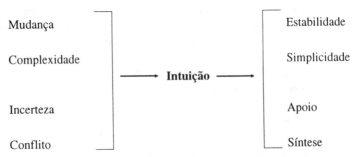

Figura 1.1 O papel da intuição ao se lidar com a mudança

A Consciência Humana

Pode-se também considerar o fenômeno da mudança a partir da perspectiva da evolução humana. Vimos evoluindo através das revoluções geológica, biológica e ideológica e, agora, foi sugerido que estamos rumando para o que foi descrito como uma revolução de "consciência". Isso implica que estamos nos movendo coletivamente para uma maior percepção e maior acesso a nossa dinâmica interior, ao nosso "espaço interior". Considerada a partir desta perspectiva, a intuição é vista como um nível mais elevado ou mais profundo de consciência em que ocorre um diferente tipo de "conhecimento": supostamente por meio do acesso a áreas de informação a que não tem acesso a consciência normal, relacionada com os sentidos.

Tudo isso deixa claro que os modos de pensar convencional/analítico já não são adequados para permitir que atuemos eficazmente no cenário prestes a surgir. Temos de recorrer à intuição. A intuição em geral é útil, mas, quando a estrada à frente está encoberta por um nevoeiro, ela é essencial. Poder-se-ia dizer, nesse sentido, que "a necessidade é a mãe da intuição".

Assim, estamos notando um aumento do número de publicações sobre intuição, a atenção cada vez maior que o assunto vem despertando na mídia e, recentemente, até mesmo conferências, seminários e *workshops* sobre intuição proliferaram em diversos países. Curiosamente, isso está acontecendo não apenas no mundo dos negócios mas também em outros domínios da investigação científica.

Não Restou Nenhuma Âncora

Uma das características mais interessantes e peculiares do mundo contemporâneo é a de que quase todos os nossos conhecimentos psicossociais estão sendo seriamente questionados. Por muitas décadas, os diversos "ismos" ou ideologias proporcionaram a muitas pessoas, de todas as partes do mundo, a sensação de pertencerem a algo. Todavia, acontecimentos recentes estraçalharam o tecido básico da maior parte das ideologias, seja o comunismo, o capitalismo ou as diferentes modalidades de socialismo. Nenhuma delas conseguiu cumprir as promessas contidas em seus manifestos, quer em termos de padrão, quer de qualidade de vida. Algo semelhante aconteceu com relação aos sistemas de valores, fossem eles materialistas, espiritualistas ou qualquer combinação dos dois (ver a Figura 1.2). A busca de valores materialistas não enriqueceu a vida de ninguém em termos de felicidade verdadeira e nenhuma das comunidades que afirma perseguir os valores espirituais conseguiu realmente alcançar uma boa qualidade de vida espiritual ou um elevado padrão de vida material. É necessário, portanto, promover o desenvolvimento de uma síntese sinérgica de todos os parâmetros de ambos os eixos – e não um compromisso entre esses parâmetros –, deixando para trás o egoísmo e a falta de individualidade, o coletivismo e a competição, e rumando para um cooperativismo baseado no indivíduo. A intuição pode facilitar esse processo.

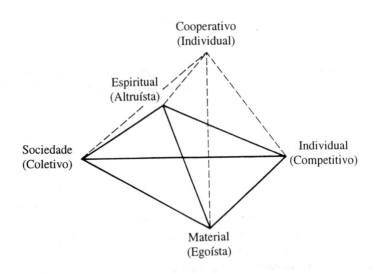

Figura 1.2 Eixo valores-ideologia

Quase não restou nas várias esferas da atividade humana (social, educacional ou mesmo religiosa) nenhuma instituição que continue a fornecer o tipo de âncora que a maioria das pessoas está procurando. Mesmo as instituições básicas do casamento e da família estão se desintegrando. É bastante perturbador perceber que, em qualquer profissão, quase não há modelos dignos de ser emulados. Em tal situação, talvez seja apenas a intuição do próprio indivíduo que poderá lhe proporcionar essa âncora interior – uma necessidade humana básica.

Mudança de Paradigma

Num nível mais profundo, o fenômeno das mudanças aceleradas e do desaparecimento das âncoras convencionais pode ser visto como uma alteração nas visões de mundo fundamentais acerca da realidade. Há uma mudança de paradigma que deixa para trás a física clássica e convencional, baseada no modelo cartesiano-newtoniano da realidade, e abraça a nova física, baseada num modelo quântico relativístico – uma mudança que rejeita uma visão positivista, determinista, reducionista, materialista e mecanicista da realidade e passa a considerá-la como sendo subjetiva, aproximada, holística, interligada e de natureza semelhante à do pensamento – isto é, uma complexa rede de relacionamentos. Trata-se de uma mudança em que se abandona a visão atomística e passa-se a considerar a realidade última como algum tipo de ordem, padrão ou consciência.

Até mesmo no nível da organização ou do gerenciamento, é digno de nota a troca do planejamento convencional e da feitura de orçamentos e a sua substituição por uma determinação do rumo geral da organização com base numa visão da corporação. Além disso, o principal aspecto enfatizado não é a "organização" e sim a harmonia e a interligação – uma mudança que deixa de lado os sistemas e os estilos baseados no controle, substituindo-os pelos que mobilizam as pessoas e delegam-lhes responsabilidade. Conquanto a obtenção de lucro continue obviamente a ser o principal interesse, o valor essencial da organização é o de preencher um propósito e de desenvolver um processo de aprendizado, tratando o lucro mais como um recurso essencial do que como o objetivo último do negócio (ver a Figura 1.4).

Figura 1.3 Mudança de paradigma: Modificações das visões de mundo

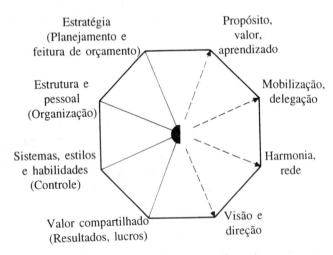

Figura 1.4 Gerenciamento transformativo

A implicação de tudo isso para os administradores considerados individualmente é mostrada na Figura 1.5 – uma mudança que parte da consciência de si mesmo ("eu no mundo") e chega à consciência do eu ("o mundo em mim"). Isso implica o uso não apenas da lógica, das palavras e dos números, mas também da intuição, das imagens, da música e de todas as outras dimensões apresentadas.

Figura 1.5 Implicações para o administrador considerado individualmente

Nível da Organização

Respeitabilidade/Reconhecimento Cada Vez Maiores

Estamos descobrindo um número cada vez maior de administradores de alto nível, incluindo presidentes de empresas, cada vez mais inclinados a admitir o uso da intuição no processo de tomada de decisões, conforme ficou evidente nos capítulos e apêndices que tratam do Levantamento. Com efeito, fica cada vez mais claro que estão recorrendo à intuição – ainda que de forma inconsciente – até mesmo as pessoas que afirmam que não procedem assim.

Sistemas Computadorizados de Apoio à Tomada de Decisões

No ensino e na prática da administração, tem havido um grande desenvolvimento e, também, uma grande confiança na solução analítica dos problemas. Com o advento de computadores e de sistemas fundamentados no conhecimento e na perícia, a função de resolução de problemas, com base nos dados e informações disponíveis, está sendo cada vez mais desempenhada por sistemas computadorizados de apoio à tomada de decisões. Todavia, os computadores só podem (até o momento) computar, e uma dependência absoluta de sistemas analíticos de solução de problemas leva ao que é conhecido como paralisia de análise. Nos cenários em permanente mutação, os administradores cada vez mais estão sendo chamados a dar sua contribuição em áreas que não podem ser automatizadas nem computadorizadas. É aí que a intuição torna-se importante. Antigamente, recorria-se à intuição por causa da escassez de dados e de informações disponíveis. Hoje, os computadores estão fornecendo tantos dados que, mesmo para selecionar as informações relevantes, o uso da intuição torna-se essencial.

Anteriormente, muitas decisões eram tomadas com base na análise de variáveis que eram razoavelmente previsíveis. Agora, no contexto do que foi dito acima, há tantas forças e fatores operando e mudando o tempo todo que quase não restam variáveis que possam ser previstas com um razoável grau de certeza. Isto é acentuado pela revolução tecnológica.

Para diversas indústrias, o "longo prazo" diminuiu para cerca de três anos. Nesse clima de incerteza, têm-se que seguir os nossos palpites – em outras palavras, usar a intuição.

Falta de Precedentes e Problemas Mal-Estruturados

Um dos princípios fundamentais na convencional tomada de decisões era a confiança nos precedentes. Muitas das situações que agora estão vindo à luz praticamente não têm precedentes nem paralelos! Temos de usar a intuição. Da mesma forma, problemas mal-estruturados e que não se prestam ao tratamento analítico convencional – como a contratação de executivos e decisões relacionadas com aquisições ou fusões etc. – requerem o uso da intuição.

Escolher entre Alternativas Equilibradas

Com o surgimento de avanços tecnológicos e econômicos em quase toda parte, o número de oportunidades visíveis e não-visíveis está crescendo num ritmo acelerado. O resultado disso é que, muitas vezes, os administradores vêem-se às voltas com alternativas quase igualmente equilibradas, dentre as quais precisa fazer sua escolha. Nessas situações, uma vez mais, o indivíduo acaba sendo forçado a recorrer à intuição.

Nível Individual

Processamento Humano de Informações/Capacidades Mentais

Uma outra razão para o interesse cada vez maior pela intuição é que ela também pode ser vista como uma das excepcionais capacidades humanas que, até o momento, não foi suficientemente compreendida nem desenvolvida. As capacidades mentais mais estudadas são a absorção (observação e gravação), a retenção (memória e recuperação) e o raciocínio (análise e julgamento). Só nos últimos anos foi que aumentou o interesse pela criatividade, e é na busca da criatividade que o processo intuitivo assumiu um significado especial. Isso refletiu-se em nosso Levantamento.

Integração

Tendo em vista a atração sempre maior pelo campo da consciência humana, tem aumentado o interesse pela compreensão da dinâmica interior e pela sua integração com o ambiente exterior. Espera-se que a intuição proporcione o elo que possa ajudar a resolver os conflitos e contradições, tanto interiores como exteriores. Acredita-se que a intuição ajude a desenvolver a visão de unidade e totalidade dentro de um aparente estado de separação e conflito.

Músculo, Cabeça, Coração

O desenvolvimento da capacidade intuitiva poderia ser visto como o próximo passo lógico na solução de problemas humanos num nível global. Quando éramos primitivos, o nosso poder estava em nossas mãos e a força dos músculos fazia a diferença. A civilização levou-nos a um ponto em que as idéias são tão poderosas quanto os exercícios, e em que uma boa estratégia é mais importante do que um braço forte.

Conquanto possamos desenvolver os músculos por meio de exercícios físicos, ainda não há nenhum exercício que nos ajude a ter idéias. De fato, não temos idéias; nós as captamos e, portanto, temos de aprender a estar abertos e receptivos a elas. Captamos as idéias no momento certo porque estamos prontos para elas.

Ao evoluirmos para o estágio seguinte, o de uma consciência mais sofisticada, estaremos diante de uma crescente tendência para irmos além da inteligência analítica ao lidarmos com o nosso mundo. Precisaremos de mais coisas além de músculos fortes; precisaremos de avanços na consciência. Precisaremos de sabedoria. Precisaremos agir tanto com a cabeça como com o coração, para estabelecer uma cooperação entre nós mesmos, entre nossas nações, nossos continentes e nossos hemisférios. Só recentemente foi que nos tornamos superiores aos outros animais; agora, precisamos aprender a nos tornar melhores seres humanos.

Sobreviver à Prosperidade

Este é o desafio que enfrentamos: até o momento, temos sido atormentados pelas pressões da sobrevivência, com estruturas mentais forjadas naquele antigo molde da necessidade. Hoje, a maioria de nós ultrapassou esse estágio. Temos tecnologia farta e uma população mundial composta de bilhões de pessoas que desejam compartilhar o mundo, o qual não é mais um desafio tão perigoso quanto costumava ser e que está se tornando a nossa casa comunitária e, quem sabe, a fonte de satisfação de nossos desejos no futuro.

Agora chegou o momento de pensarmos em como compreender e descobrir mais plenamente a natureza humana. Precisamos ir além da sobrevivência. Até mesmo nas regiões em desenvolvimento, está sendo feito um significativo progresso no sentido de fazer com que o problema da manutenção da vida deixe de ser um imperativo cultural e pessoal. A nossa própria estrutura mental tem a capacidade de desenvolver-se mais e, assim, pode ajudar-nos a desenvolver o nosso mundo de maneiras tão fantásticas, que os nossos ancestrais nem sequer teriam a capacidade de imaginar. Podemos fazer muito mais do que sobreviver – podemos aprender a prosperar. A humanidade chegou até aqui graças à sua inteligência, mas agora precisamos desenvolver a nossa sabedoria para a etapa seguinte do desenvolvimento humano. Para seguirmos em frente, precisamos aprimorar a consciência para que ela aceite um mundo multicultural, próspero, coexistente e, até mesmo, ocasionalmente ilógico.

A velha estrutura mental moldada pela necessidade de sobrevivência nos tornou temerosos e preocupados. Todas as coisas – desde problemas diplomáticos até o aquecimento global – são vistas como perigos a nos ameaçar. Chegou o momento de sairmos das nossas cavernas mentais povoadas pelo medo e pela dúvida e de aprendermos a prosperar segundo a visão compartilhada de um mundo que pode nos manter a nós todos e prover o necessário para nós e para nossos filhos. Quando voltamos nossa atenção para a intuição, isso nos ajuda a confiar e a desenvolver nossa capacidade de introvisão e de análise. Com uma mente e com um coração superiores, nosso trabalho cotidiano poderá ser visto como parte da construção de um mundo melhor, com o qual todos sonhamos. Podemos agora considerar essas possibilidades – razão pela qual é tão importante examinar os instrumentos necessários para a consecução dessa tarefa.

Questões Existenciais

O pensamento filosófico tem em vista a resolução de quatro questões principais. Todos nós parecemos querer compreender a necessidade de liberdade, as causas do isolamento, o significado da vida e a natureza da morte. Embora ninguém tenha conseguido apresentar uma resposta universalmente aceita para quaisquer desses quatro tópicos principais, eles ainda constituem a base de grande parte do esforço mental da humanidade. A intuição parece ser a única âncora para isso.

Conclusão

Por outras palavras, em todos os diferentes níveis acima analisados, a intuição parece ser o instrumento que pode ajudar-nos a alcançar a constância e a estabilidade para administrar a mudança; proporcionar-nos coerência e simplicidade para administrar a complexidade; desenvolver a coragem e o apoio interior para lidar com a incerteza; criar critérios claros e a capacidade de síntese necessária para cuidar dos conflitos.

2

O Papel da Intuição
na Administração

> O termo [intuição] não denota alguma coisa contrária à razão, mas sim algo que se situa fora dos domínios da razão.
>
> *Carl Gustav Jung (1875-1961)*

A administração de empresas e, dentro dela, o campo da estratégia das corporações, teve um enorme progresso ao longo das últimas três décadas. Uma das principais características desse progresso tem sido o desenvolvimento de instrumentos e de conceitos administrativos altamente analíticos. Eles vão desde procedimentos eminentemente quantitativos, como a análise do fluxo de caixa para decisões de investimento, até as regressões múltiplas e as metodologias estatísticas encontradas em amplas áreas do planejamento estratégico e da solução de problemas.

Esse desenvolvimento de uma confiança nos fatos e na análise rigorosa foi necessário e oportuno. Ele ajudou a solucionar os problemas típicos enfrentados pelos executivos na década de 60 e no início da década de 70. Essa foi uma época de elevadas taxas de crescimento em muitas economias de países industrializados e em desenvolvimento, o que oferecia um grande número de oportunidades de negócio. A maior prioridade administrativa consistia em analisar as múltiplas opções e fazer uma hábil seleção entre elas.

Dois outros avanços foram fundamentais e atuaram como catalisadores deste rápido crescimento no uso da técnica analítica. O primeiro foi o advento e a disponibilidade do processamento eletrônico de dados para ordenar e para analisar grandes volumes de informações, e o segundo foi o crescente influxo de econometristas, especialistas em computação e pesquisadores de operações no campo da administração de empresas. Dentro de pouco tempo, os administradores que não possuíam esses instrumentos ou que careciam de pessoal especializado nessas técnicas foram considerados irremediavelmente arcaicos. A respeitabilidade das elegantes técnicas quantitativas parecia proporcionar uma nova e poderosa abordagem para a tomada de decisões administrativas.

Todas estas tendências, atuando em conjunto, tinham um notável resultado: uma impressionante estrutura de conhecimentos sistemáticos na área da administração de empresas, caracterizada por uma abordagem cartesiana e altamente analítica, exemplificada e promovida pelo número cada vez maior de programas de mestrado em administração de empresas oferecidos por instituições acadêmicas em quase todos os países do mundo desenvolvido e em desenvolvimento. Durante a última década, porém, tem ocorrido uma percepção cada vez maior de que havia alguma coisa incompleta nesse paradigma moderno, até então considerado a principal força propulsora no admirável movimento ascendente da moderna administração de empresas. Em artigos e simpósios, um número cada vez maior de acadêmicos e de profissionais experientes começou a sugerir que poderia haver falhas inerentes na tendência para tratar a economia como uma gigantesca máquina a trabalhar como um relógio, com *inputs* e *outputs* definidos, causas claras e efeitos lógicos.

Diante de novas pressões relacionadas com o controle populacional, com a administração de recursos e com outras limitações que agiam reciprocamente com as filosofias do livre mercado, o crescimento ilimitado passou a ser visto como uma meta falsa e irrealista. A inocência de Adam Smith foi profundamente modificada, transformando-se em proposições como a sociedade de "soma zero". Diante de mercados estagnados, de grandes esforços de reestruturação e de problemas de desemprego cada vez maiores em muitos países, atualmente não se sabe ao certo se os problemas a ser enfrentados pelos administradores de amanhã serão solucionados tão prontamente apenas pela análise fria, conforme foi sugerido no Capítulo 1. O fundamental para essa nova e mais flexível compreensão dos múltiplos elementos de uma filosofia mais abrangente da moderna administração é o conceito de descoberta de soluções criativas.

"Introvisão" e "criatividade" são palavras que atualmente parecem vir à tona com freqüência cada vez maior. Tecnologias e técnicas radicalmente novas competem com o caminho convencional da análise completa e do crescimento bem administrado. De fato, as próprias estatísticas indicam que a maioria dos novos empregos criados nos Estados Unidos (e presumivelmente também nas outras partes do mundo) durante os últimos dez ou vinte anos não surgiram a partir da expansão planejada das grandes corporações já estabelecidas. Na maioria dos casos, as empresas mais antigas assistiram a uma diminuição no número de seus funcionários enquanto os novos empregos têm surgido numa nova geração de empresas jovens e altamente empreendedoras, construídas a partir de idéias criativas de seus proprietários e diretores. Foi a compreensão inovadora, em grande parte intuitiva, do desenvolvimento do mercado global que criou gigantes modernos a partir de empresas menores como a fabricante de rádios portáteis Sony ou os fabricantes de motocicleta BMW e Honda.

Essa espécie de criatividade não é o resultado típico do pensamento analítico. Na maioria das vezes, ela é conseqüência do pensamento divergente, das abordagens altamente intuitivas – saber o que é certo sem ser capaz de prová-lo já de início, para parafrasear Schumpeter. O conceito de um processo intuitivo conduzindo a criativas idéias empresariais, subseqüentemente apoiadas por análise ex *post facto*, tem sido um tema constante por trás de grande número de empreendimentos que geram riqueza e empregos e que têm despertado tanta atenção nos dias de hoje.

O reconhecimento da intuição como o principal componente de uma boa administração não tem se restringido às empresas menores. Também nas grandes empresas, muitos profissionais e executivos bem-sucedidos agora admitem abertamente que aprenderam a confiar em sua intuição, e que essa intuição tornou-se mais confiável e precisa por meio do próprio processo de se ter confiança nela. Referências ao papel da intuição na tomada de decisões estão se tornando cada vez mais freqüentes nos mais conceituados periódicos comerciais. Sua importância é destacada nos níveis individual, organizacional e até mesmo no nível global, conforme se viu no Capítulo 1.

Algumas pessoas parecem ter o dom de tomar a decisão certa no momento certo, quase como se tivesse na folha de pagamentos um mágico dotado do poder de prever o futuro. Todo mundo já ouviu falar de um artista ou de um agente da cura intuitivo, e cada um de nós já conheceu um administrador que, às vezes, quase parecia dotado de poderes extra-sensoriais. Ele compra, e o mercado sobe; ou, então, mostra-se presciente na hora de fechar contratos importantes. Parece que algumas pessoas estão sintonizadas com uma outra fonte – com algum fenômeno incomum ou mesmo cósmico que as abastece com respostas. Recentemente, esse tipo de observação começou a transformar-se na próxima fronteira para os filósofos da ciência da administração.

É fato que, em todas as partes do mundo, administradores estão pagando quantias consideráveis para freqüentar diversos seminários e simpósios que visam estimular esse tipo criativo de tomada de decisões. Adiaremos para o capítulo seguinte a questão de definir aquilo de que trata a intuição. A grande maioria dos programas populares e, até mesmo, ensaios e artigos filosóficos em geral deixam de fazer até mesmo essa pergunta básica.

Por Que Precisamos da Intuição na Administração?

Temos nos saído muito bem – das cavernas para as estrelas – com o processo de pensamento convencional, de natureza analítica. Será que há algum motivo para estudarmos o fenômeno da intuição como algo mais do que excentricidade típica de uma afortunada e pequena minoria de profissionais sob outros aspectos razoáveis? Todos tivemos nossas introvisões intuitivas, mas elas em geral reluzem e desaparecem como estrelas cadentes, deixando-nos sem saber sua origem ou propósito. Se tivermos de despender tempo aprendendo coisas sobre a intuição e sobre o modo de usá-la, precisamos ao menos ter alguma função para ela. É interessante ser sensitivo, mas será que há alguma razão para desenvolver essa capacidade se ela não é tão valiosa quanto algum treinamento profissional de verdade ou um novo supercomputador? A intuição é realmente necessária na administração?

A primeira resposta é que a intuição não consiste simplesmente em conhecer o estado futuro das coisas. Ela também está relacionada com o modo como algumas pessoas administram o estado atual das coisas.

Não é preciso nenhuma intuição para compreender por que está se tornando importante aprender mais coisas sobre a intuição e saber o modo de usá-la. De fato, ela talvez seja a capacidade básica a partir da qual um dia poderá ser julgada a eficácia dos administradores, e bem antes da chegada do próximo século. A razão para isso é encontrada numa avaliação geral das qualidades mais importantes para um administrador nas situações que requerem uma decisão clara escolhida entre múltiplas soluções alternativas.

Administração da Mudança

Sabe-se que as escolas comerciais conceituadas defendem o ponto de vista de que tem a vantagem o jogador que dispõe das melhores informações. O estado de perfeita informação leva ao estado de riqueza infinita e, ocasionalmente, tem sido chamado em classe de "linha direta com Deus". Em geral, considera-se que essa linha telefônica valha uma quantia infinita de dinheiro, pois quem tivesse informações exatas sempre tomaria as decisões acertadas. Considera-se que quaisquer informações menos exatas valeriam menos dinheiro.

Todavia, hoje sabemos que os administradores profissionais do final do século XX enfrentam o problema da sobrecarga de informações. A maioria de nós já leu terríveis relatos sobre o brusco aumento na quantidade de informações à medida que a mídia e as redes de comunicações fazem o mundo menor e nos cumulam de uma massa de artigos não-lidos e citações esquecidas. Houve tempo em que o aprendizado, a partir do poço da sabedoria, exigiu um sério esforço. Hoje, isso assemelha-se mais a tomar um drinque num hidrante. Ninguém consegue manter-se a par de todas as informações novas e úteis que atualmente estão sendo geradas no mundo. Se tivermos de vasculhar tudo isso para localizar a informação certa, estaremos lutando uma batalha perdida contra um oceano de fatos novos que inunda nossa consciência a cada dia.

Felizmente, as diversas partes da sociedade funcionam de forma mais ou menos independente umas das outras, e ninguém precisa saber tudo. Por outro lado, essa "explosão" de informações está fazendo com que diversos motores sociais movimentem-se mais rapidamente do que nunca. O exemplo mais óbvio é a rapidez com que a própria mudança está se tornando quase uma constante. Filosoficamente falando, isso é quase uma contradição em termos, pois uma mudança sugere uma trans-

Ontem

Hoje

formação de um estado de coisas para outro. De maneira geral, presume-se que haverá um estado de repouso depois da próxima mudança discreta. Na prática, porém, o impacto dos constantes aperfeiçoamentos nas ferramentas físicas e analíticas agora está quase criando um contínuo estado de mudança, à medida que novos desenvolvimentos rapidamente desbancam uns aos outros.

Essas mudanças rápidas, aceleradas pela sobrecarga cada vez maior de informações, fez com que os administradores de hoje se tornassem incapazes de avaliar cuidadosamente todas as implicações do progresso dentro e fora de suas áreas específicas de atuação. Se alguém pudesse dar cuidadosa atenção a apenas alguns dos artigos mais importantes em sua área de especialização, seria preciso passar várias horas todas as manhãs só para avaliar se e em que medida as novas mudanças de cada dia poderiam afetar o seu negócio.

Acompanhar as mudanças já se tornou quase impossível e vai ficando cada vez mais difícil à proporção que aumenta o número de pessoas que estão usando técnicas mais inovadoras para tentar adaptar e aprimorar seus métodos, materiais, estilos e sistemas de administração. Tal como a Rainha de Copas, de Alice no País das Maravilhas, os administradores bem-informados têm de correr o mais rápido que puderem para permanecer no mesmo lugar; para avançar seria preciso correr ainda mais depressa.

Essa, então, é a principal área em que a orientação intuitiva pode desempenhar um papel cada vez mais importante nas atividades diárias do profissional do século XXI. A intuição não é um processo racional consciente nem um exercício linear de separação de partes e de tomada de decisões consecutivas. A capacidade de examinar uma grande quantidade de informações sem uma agenda predeterminada, e de ainda conseguir acesso ao tesouro subconsciente de dados possivelmente relevantes poderá tornar-se a única maneira por meio da qual os administradores do próximo século conseguirão manter-se à frente dos competidores.

Uma estrutura intuitiva de pensamento torna-se necessária até mesmo para nos mantermos no fluxo das mudanças num mundo que a cada dia muda mais e cada vez mais rápido. Assim como os malabaristas se preocupam mais com o ritmo do que em manter os olhos em cada uma das bolas no ar, os administradores intuitivos seguem o seu próprio ritmo e o ritmo das informações que fluem ao redor deles. A capacidade de perceber detalhes, que ajudou os analistas de custos ao longo dos últimos 50 anos, pode estar cedendo lugar a uma abordagem geral à medida que o ambiente estático dá lugar a cenários mais caóticos e fluidos, que se caracterizam pela ação conjunta de múltiplos eventos que ocorrem com demasiada rapidez para que seja possível uma abordagem analítica clássica.

Com as mudanças tornando-se a constante do momento, precisaremos de novos métodos para definir e manter qualquer constância em nossas metas, em nossas estratégias e em nossas tarefas diárias. A intuição poderá vir a ser a única capaz de manter o profissional moderno atualizado e no rumo certo. O giroscópio permanece a prumo não apesar de seu centro giratório, mas por causa dele: quando as mudanças tentam privar-nos do controle sobre os nossos rumos, podemos manter-nos no curso apenas descobrindo o eixo de nossa mente e seguindo adiante num equilíbrio dinâmico.

Administração da Complexidade

Como a intuição pode proporcionar aos administradores certa constância em meio às sempre maiores instabilidades de um ambiente em mudança, ela também pode ajudar as coisas a fazer sentido quando um excesso de complexidade começa a tornar um problema incompreensível. Quando a complexidade se torna excessiva, podemos vir a necessitar da orientação interior para ajudar-nos a estabelecer as nossas prioridades de ação.

Isso não é o mesmo que simplesmente vaguear em meio ao ataque furioso da sobrecarga de informações e tem relação com as coisas às quais dirigimos prioritariamente a nossa atenção num determinado momento. Nos séculos anteriores, podíamos tomar conhecimento de detalhes apenas na medida em que o permitissem os nossos olhos e as nossas imagens mentais, que quase duplicavam o mundo físico à nossa volta. Essa capacidade freqüentemente era usada pelos que tinham consciência das interações mais complexas entre as forças da natureza ou da sociedade. Um agente da cura com extraordinária empatia poderia tornar-se o xamã local; um líder forte, com o dom da intriga, poderia tornar-se o governante local. Todavia, as complexidades da ordem natural e social permaneciam desconhecidas para a grande maioria das pessoas.

Todavia, isso não acontece mais. O impacto dos instrumentos analíticos cada vez mais eficazes, juntamente com a sofisticação cada vez maior da ciência da transferência de informações, fizeram com que todos nós nos tornássemos mais conscientes de que as coisas são muito mais complexas do que parecem ser. Cada passo à frente na civilização humana resultou em um outro estágio de nossa compreensão de que as coisas não serão inteiramente compreendidas hoje à noite ou, mesmo, amanhã à tarde. De fato, em geral acontece que, quanto mais examinamos um assunto para obter mais informações, maior a probabilidade de que novas complexidades cheguem ao nosso conhecimento. Os níveis de detalhe crescem em virtude de nossos esforços para encontrar uma simples resposta.

Essa tendência parece ter atingido o seu ápice, pelo menos no que diz respeito à geração do complexo pelo simples, na obra matemática de Benoit Mandelbrot. Aqui, uma manipulação matemática de qualquer valor, através de uma fórmula conhecida como Série de Mandelbrot, pode levar-nos a níveis de complexidade que simplesmente crescem com o número de manipulações. Quando essas manipulações são usadas para acionar um monitor de vídeo, os padrões detalhados assim produzidos imitam exatamente as formas de nuvens, desfiladeiros e outras formas orgânicas estranhamente belas. Quanto mais essas imagens são ampliadas, maior é a complexidade que elas revelam, como se o programa fosse um microscópio que ampliasse detalhes sem limite e revelasse uma complexidade infinita.

A complexidade de nossa vida e de nosso trabalho continua a aumentar num ritmo cada vez mais rápido. Isso causa problemas para o administrador, que agora fica a meio caminho entre duas posições. Por um lado, é importante examinar inteiramente cada problema; por outro, é igualmente importante manter o projeto no cronograma. É preciso estar constantemente avaliando o nível de detalhamento necessário.

A intuição parece uma excelente ferramenta para eliminar a complexidade desnecessária. No caso de indivíduos que apresentam um estilo de administração intuitivo, essa capacidade pode revelar-se muito prática em nosso cotidiano. Num ambiente naturalmente fluido e mutável, há um prêmio por se conhecer o nível apropriado de atenção a cada detalhe. Sem uma diretriz interna, a atenção pode ser facilmente desviada ou absorvida quando deveria estar disponível. Quando o trabalho consiste em pulverizar uma floresta, não podemos nos envolver demasiadamente com uma só árvore.

Para tocar um projeto, é útil ter alguma noção intuitiva de ritmo e de direção. Uma visão intuitiva pode ajudar-nos a identificar padrões fundamentais simples, reduzindo os inconvenientes de um excesso de complexidade. Prestar atenção a todas as coisas pode levar-nos a desperdiçar nossa energia e nossos esforços. Pode-se aprender quando prestar atenção e quando virar a cabeça para se ter uma visão melhor. Sem usar o termo "transcendente", a maior parte das pessoas iria concordar que a capacidade de libertar a mente e de compreender o quadro geral de uma situação pode ser um bem muito valioso para qualquer administrador.

É apenas por meio do uso regular dessa capacidade que uma pessoa pode desenvolver-se de maneira consistente. Quando perguntado acerca do segredo de seu sucesso financeiro, o grande financista Bernard Baruch certa vez disse: "Nunca joguei. Sou um especulador. A palavra vem do latim *speculo*, 'examino'. Eu examino cada situação e, depois, tomo as minhas decisões." Aproximar-se demais dos detalhes é como voar perto do chão; precisamos conservar um senso de perspectiva interior para continuarmos avançando de forma coerente. O uso da intuição ajuda muitas pessoas a simplificar suas tarefas quando as complexidades da situação transformam pessoas sensatas em jogadores.

Administração de Conflitos

Num ambiente mundial caracterizado por mudanças e complexidades cada vez maiores, os conflitos também aumentam. Na maioria dos casos, este aumento de conflito tem pouco que ver – se é que tem – com o tipo de motivação que costumamos atribuir ao termo. Num cenário fluido e mutável, nenhuma pessoa ou grupo precisa ser identificado diretamente com alguém ou alguma coisa para estar em conflito com outros. O simples desejo de fazer o melhor numa determinada situação leva inevitavelmente a um conflito, a não ser que todas as partes e pessoas atuem dentro da mesma estrutura de metas e *timing*. A liderança pode acabar tornando-se subsidiária de uma estratégia baseada na coordenação em vez de na cooperação.

O problema com que deparamos quando orquestramos esse tipo de controle total de uma operação multifacetada – na qual participam diversas pessoas, com quantidades de informações de variável complexidade – é que, inevitavelmente, começamos a sacrificar a flexibilidade que é tão necessária nesse cenário. Assim como as cordas a que os alpinistas se prendem nas encostas das montanhas, as linhas de comando proporcionam uma segurança coletiva contra os erros individuais, mas, ao mesmo tempo, podem inibir ou reduzir tanto o desenvolvimento do projeto como a criatividade dos indivíduos – características que freqüentemente lhes são exigidas *ad hoc* enquanto eles realizam suas tarefas como parte de uma equipe.

Administrar conflitos – que irão surgir naturalmente enquanto essas pressões continuam a aumentar – requer mais do que paciência e bom humor. Essas qualidades são necessárias à pessoa para que ela não tenha úlceras ou outras manifestações de tensão no ambiente de trabalho. Nas atividades cotidianas de uma empresa, porém, de nada adianta o administrador permanecer tranqüilo enquanto o projeto escapa ao controle devido a idéias conflitantes quanto às prioridades, ao planejamento ou à supervisão. O administrador bem-sucedido precisa ter a capacidade de identificar os hábitos e os métodos que, inerentemente, têm mais probabilidade de conquistar apoio e concordância num ambiente que é uma mistura desafiadora de velhos planos e de novos desenvolvimentos. De outra forma, o estilo de administração vai começar a reduzir-se a uma série de movimentos múltiplos e sobrepostos e a adaptações improvisadas para facilitar o vívido – embora, às vezes, um tanto confuso – avanço diário rumo às grandes metas. Se um estilo de liderança demasiadamente organizado leva a uma progressiva diminuição da capacidade de resolver problemas criativamente, por parte dos integrantes da equipe administrativa, um estilo demasiadamente conciliatório pode levar a uma falta de objetivos claros e de prazos finais.

Uma vez mais, a capacidade de ter acesso a uma estrutura mental intuitiva pode permitir que administradores atarefados selecionem critérios claros para a resolução dos conflitos inerentes às múltiplas e mutáveis respostas a uma situação dinâmica e instável. Criar síntese a partir do conflito, sem confusão nem tensão, requer o especial talento de um músico de *jazz*, que orienta e cria simultaneamente, sem perder o ritmo nem a direção da peça como um todo e sem destacar o papel de nenhum instrumento em particular. Os administradores intuitivos, assim como os treinadores de atletismo dotados de talento, conquistam o respeito tanto de seus colegas como de seus subordinados pela capacidade, a todo momento, de basear-se no passado e preparar para o futuro. Simplesmente, não há tempo para fazer uma pesquisa de opinião de poucos em poucos dias, nem de fazer uma reunião geral cada vez que uma mudança provoca modificações nos planos. Os conflitos que forem surgindo ao longo do processo devem ser resolvidos e sintetizados em modificações implementadas no dia-a-dia e caracterizadas pela constante reformulação de critérios feita de forma clara e bem comunicada. Se uma equipe vai trabalhar em conjunto, seus integrantes precisam saber que o administrador tem, ao mesmo tempo, firmeza de propósitos e flexibilidade; que ele é sensível a situações imperativas mas não perde de vista os objetivos gerais do trabalho.

Efeitos Diretos do Estilo Intuitivo de Administração

As pressões combinadas da mudança, da complexidade e do conflito constituem um fenômeno global, do modo como foi mencionado no Capítulo 1. Elas atuam sobre nós diariamente, de maneiras óbvias e sutis, e contribuem para uma sensação cada vez maior de caos. O surgimento de demagogos religiosos e de gurus populares exemplifica a tendência comum – e, às vezes, perigosa – de buscar e promover qualquer pessoa ou sistema que se proponha a fornecer filosofias e estruturas estáveis e tranqüilizadoras nessa época caracterizada por rápidas reavaliações de nosso propósito e de nosso lugar na vida.

Num mundo em constante metamorfose, a administração não pode agir como um fator de restrição. Isso gera apenas um acúmulo de pressão e uma eventual ruptura de qualquer sistema que tente impor a sua própria autoridade em diferentes partes da rede global que caracteriza as empresas modernas. Os administradores devem oferecer um tipo de orientação que seja apropriado para a nossa época – uma abordagem dos recursos e da energia em vez das restrições de um sistema desnecessariamente mecânico. Conforme observou certa vez o poeta Robert Frost, "Liberdade é mover-se facilmente com arreios". Os arreios não são rígidos, mas flexíveis; e, nas mãos de um condutor que conhece o caminho e a direção, pode reunir a força de diversos cavalos. Quando nos lembramos de que a mesma palavra sânscrita é a raiz de "jugo" [yoke] e de "yoga", deparamos novamente com a imagem de reunir forças em um sistema que combina e que orienta. Assim como o jugo liga a junta de bois, o iogue tenta ligar o pessoal ao universal para ter acesso aos poderes que estão além de suas já aceitas limitações.

Da mesma maneira, a intuição pode ajudar os administradores permitindo-lhes ligar o interior ao exterior, de modo que a organização seja de fato um todo orgânico e complexo, em vez de algo confuso e complexo. Para delinear isso de forma mais precisa, podemos reduzir os efeitos diretos da administração intuitiva a três categorias bem-definidas.

Criação de uma Visão

Primeiramente, esse estilo permite que os administradores consigam enxergar os propósitos e as finalidades de qualquer empreendimento, mesmo enquanto estão movendo-se para a frente. "Elevar-se" para ter uma visão intuitiva quase equivale ao capitão subir no cesto de gávea para esquadrinhar o mar à sua frente. As metas podem ser vistas de forma consecutiva em vez de estática, e o empreendimento pode seguir seu curso sem a necessidade de parar e reavaliar a situação sempre que uma mudança ou conflito começarem a tomar vulto. Hoje em dia, no mundo dos negócios, é quase um axioma a idéia de que você só conseguirá sobreviver se tiver a capacidade de inovar. Além do mais, mesmo se alguém conseguiu ter sucesso até o momento, para manter o sucesso ele tem de inovar continuamente. Como se faz isso? A inovação não acontece simplesmente. Além de desejar a inovação e de ter uma atitude positiva em relação a ela, a pessoa precisa desenvolver a capacidade de criar uma visão de futuro e ter a introvisão necessária para identificar os pontos críticos nos quais deve ser adotada e implementada a estratégia apropriada.

Mesmo se a pessoa estiver consciente disso no nível pessoal, grupal ou empresarial, ela encontra muita resistência à inovação no nível psicológico. Conquanto as pessoas possam manifestar-se a favor da inovação, bem no fundo elas se sentem pouco à vontade e inseguras com relação a isso, porque isso implica mudança, coisa que gera incerteza e, portanto, ansiedade, criando resistência.

Uma das maneiras mais eficazes e positivas de superar tal resistência consiste em tomar essa sensação negativa e estressante e, em seguida, convertê-la em energia positiva. Isso é possível se a pessoa puder gerar um sentimento de coragem nos que se sentem ansiosos acerca da inovação e da mudança e, por isso, resistem. Freqüentemente, descobriu-se que a criação de uma visão comum dentro da organização resulta na liberação de uma inacreditável quantidade de energia positiva voltada para a concretização de um sonho comum a todos. O processo ajuda a ter uma compreensão dos impulsos inovadores, uma aceitação desses impulsos e, por fim, um compromisso positivo em relação a eles (ver a Figura 2.1). O processo de construção de uma visão – os passos para o desenvolvimento de uma visão reflexiva, intuitiva e integrada – são descritos no Capítulo 8, o qual aborda a aplicação da intuição.

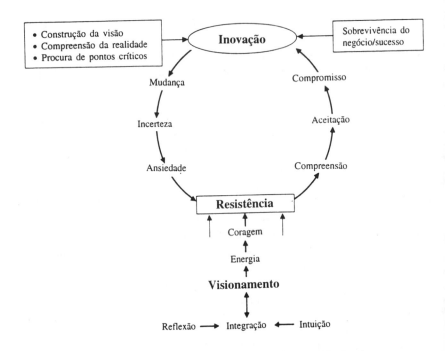

Figura 2.1 Criação de uma visão partilhada

Escolha de uma Direção

Em segundo lugar, visualizadas as metas, essa atividade leva naturalmente à escolha do caminho mais direto para se atingir essas metas de forma eficiente. Ao ajudar os administradores a escolher e a adotar um rumo para a organização, a intuição capacita-os a divisar estratégias claras para se atingir essas metas.

Tomada de Decisões

Por fim, com direções definidas e com estratégias delineadas, os administradores têm uma capacidade muito maior de tomar decisões quanto às tarefas que deveriam ser realizadas e em que ordem, de modo a manter uma atuação harmônica de todas as partes e pessoas envolvidas no projeto. Desde a síntese final até a atribuição das tarefas diárias, um estilo intuitivo pode ser uma das ferramentas administrativas mais úteis para se obter os resultados desejados com um mínimo de falsos começos, de esforços desperdiçados ou de explosões de cólera.

Um refinado senso de intuição ajuda o administrador a compreender melhor o desenrolar das situações em seu dia-a-dia, sem impedir o movimento contínuo rumo às metas projetadas e aceitas. A longo prazo, a capacidade de manter um "ritmo" interior intuitivo gera continuamente a transformação de novos conflitos em desafios partilhados. A médio prazo, esta mesma capacidade permite que a pessoa identifique as orientações que levam a estratégias mais claras. Só então os administradores poderão tomar decisões quanto às tarefas que deverão ser executadas num determinado momento.

Conclusão

A criação de uma imagem visual das metas que podem ser compartilhadas, a escolha das direções que levam à tomada de decisões estratégicas e a transformação dessas decisões que delineiam objetivos específicos em tarefas definidas que podem facilmente ser realizadas com uma capacidade bem-desenvolvida para a realização de julgamentos intuitivos a todo momento. Essa é a única maneira pela qual os administradores modernos poderão ter a esperança de não ser dominados pelos problemas da mudança, da complexidade e dos conflitos, os quais caracterizam o ambiente empresarial moderno.

Para desenvolver a capacidade de conservar uma perspectiva sábia e judiciosa – uma maneira de ver que seja constante, coerente e comunicada por meio de critérios claros a toda a organização – a pessoa precisa ir além das tomadas de decisões baseadas em cálculos conscientes e quantitativos. Pode-se adquirir uma vantagem significativa dedicando-se algum tempo a aprender o significado e a utilidade da introvisão intuitiva como uma ferramenta na administração.

A intuição ajuda a fortalecer o nosso senso comum no momento da ação, mantém-nos constantes em meio à mudança e humildes diante da complexidade, além de ajudar-nos a ter critérios claros quando às voltas com as pressões e com situações de conflito. Com o desenvolvimento das capacidades intuitivas da pessoa, a criação de uma perspectiva sábia e sensata, a partir de introvisões intuitivas, acaba sendo muito melhor para os administradores do que um outro programa de treinamento ou um computador mais rápido.

Num sentido evolutivo, parece que estamos caminhando desde a força muscular, como o primeiro meio principal para o progresso, passando pelo poder do cérebro e, agora, rumando para a força da consciência ou, metaforicamente falando, passando das mãos para o coração, com um desvio pela cabeça. Para citar Blaise Pascal, *Le coeur a ses raisons que la raison ne connaît point: on le sait en mille choses* ("O coração tem razões que a própria razão desconhece: pode-se perceber isso em milhares de coisas").

A intuição é mais do que um brinquedo para a pessoa dotada de poderes extra-sensoriais e mais do que uma fonte de inspiração para o artista. Ela é um método para o nosso desenvolvimento físico e mental para uma nova era de humana e sensível intendência sobre os recursos de nosso mundo. Ela é uma das capacidades mais importantes que podemos cultivar. Pode fazer mais do que nos tornar administradores financeiramente bem-sucedidos. Pode nos ajudar a nos satisfazer como pessoas, a fortalecer nosso empreendimento e, em última análise, nos proporcionar uma criativa e produtiva ampliação dos horizontes que está se tornando necessária para se ter uma abrangente perspectiva pessoal e global.

70

Do global para o pessoal, o recurso à intuição já está ajudando alguns administradores a navegar em meio ao oceano de informações e a reduzir a complexidade da vida e os conflitos inerentes à existência em nossa nova sociedade global. Situados entre as necessidades da pessoa e as necessidades do projeto, os administradores do século XXI precisam, mais do que nunca, saber aproveitar os diversos tipos de energia física e mental e direcioná-las rumo às metas da organização. Para isso, os administradores vão precisar de algo mais do que cálculos e análises. Eles precisarão ser pessoas intuitivas que possam interpretar seus sentimentos e palpites de uma forma clara e apropriada à determinação dos rumos da empresa.

3

Definição de Intuição

Num momento qualquer, a pessoa tem consciência de apenas uma pequena parte daquilo que conhece. A intuição lhe permite recorrer a
esse vasto depósito de conhecimento inconsciente que inclui não apenas
tudo o que a pessoa vivenciou ou aprendeu, consciente ou subliminar-
mente, mas também o infinito reservatório do inconsciente coletivo ou
universal, em que os limites individuais e as fronteiras do ego são
transcendidas.

Frances E. Vaughan, psicóloga americana

Os administradores profissionais estão cientes da necessidade de definir problemas para que estes possam ser resolvidos, e de fazer o mesmo
com as soluções para que estas possam ser efetivamente implementadas.
A falta de uma visão comum quanto ao propósito de qualquer projeto
pode criar não apenas confusão mas também um grande desperdício de
energia; na falta de um objetivo, os esforços podem rapidamente se dispersar.
A definição parece de crucial importância para a compreensão, independentemente de qual possa ser o propósito final.

Como definir, porém, um fenômeno que ocorre apenas quando é
necessário?, ou um talento que aparece sem nunca haver sido aprendido?

No atletismo, na música e nas artes dramáticas, podemos apreciar a habilidade e aplaudir o talento, mas nenhuma pessoa pode realmente defini-los de uma maneira que explique uma jogada rápida que retira três jogadores de campo, numa partida de beisebol, ou o impacto emocional causado por um músico talentoso. Quando chegamos ao tema da intuição, esse problema de definição funciona como um obstáculo para o exame do fenômeno e para o processo de aprendizado das técnicas que, ao que se diz, melhora a capacidade do indivíduo fazer uso dela.

Uma das razões pelas quais a intuição continua resistindo à definição é que, freqüentemente, elas parecem completamente idiossincráticas. Ela é usada pelas pessoas em todas as áreas de sua vida, como se fosse uma habilidade universal, mas permanece intensamente pessoal para cada uma delas. Isso resulta em definições que tendem a assemelhar-se mais ao definidor do que ao fenômeno propriamente dito.

Para exemplificar as grandes variações na percepção do termo "intuição", procuramos a ajuda de peritos de diversas áreas que estivessem dispostos a oferecer uma definição dada a partir do ponto de vista de suas especialidades. A tabulação seguinte tenta articular um sumário um tanto simplista e destaca os vários pontos de vista a partir dos quais especialistas de diversas áreas percebem e tratam o conceito de intuição.

Área	*Intuição como*
Filosofia	Introvisão (conhecimento)
Epistemologia	Processo (habilidades)
Psicologia	Característica (atitude)
Artes	Expressões criativas
Neurociência	Processos químicos
Misticismo	Estados alterados de consciência

Comparando esses pontos de vista, torna-se óbvio que a intuição tem pouca possibilidade de ser um mito. Além de tudo, mais do que ser simplesmente um fenômeno multidisciplinar, a intuição também se presta a uma abordagem que tem múltiplos níveis. Não se trata de um conceito sem descrição, mas tampouco é um fenômeno que se presta facilmente a um exame detalhado.

A Intuição como Fenômeno Multidimensional

Intuição como uma Capacidade

No nível mais prático e um tanto mecânico, a intuição freqüentemente é definida como uma capacidade que a pessoa pode desenvolver, da mesma forma como se pode desenvolver ou aprimorar capacidades musicais ou artísticas por meio de exercícios orientados por um perito. Essa dimensão é analisada e explorada com mais freqüência em artigos, ensaios e simpósios voltados para profissionais de administração modernos. Isso não é incomum, pois os administradores em geral estão à procura de técnicas que possam ser adquiridas por qualquer indivíduo que esteja disposto a gastar tempo com o estudo e a prática normalmente necessários para se dominar uma nova capacidade.

Uma vez mais, a natureza elusiva de um fenômeno que aparentemente não pode ser estudado na falta de um contexto pessoal resulta em diversas teorias diferentes, muitas das quais de natureza altamente pessoal. As filosofias budista e hindu parecem estar voltadas para as práticas que usam a concentração a fim de desenvolver uma mente que, ao mesmo tempo, esteja aberta e atenta para as grandes possibilidades, em vez de ater-se a pressuposições anteriores. Os praticantes ocidentais do "treino" da intuição têm maior probabilidade de destacar técnicas voltadas para metas, tais como a visualização positiva, que se concentra na consecução de metas definidas e, no processo, ajuda a pessoa a desenvolver sua confiança e capacidades mentais. Sejam os exercícios voltados ou não para a consecução de metas, essas práticas variam desde o disciplinado treino de meditação que caracteriza os praticantes sérios da religião até os seminários de "treinamento sensitivo", feitos durante um fim de semana e os seminários de desenvolvimento pessoal, os quais estiveram e estão na moda entre os administradores ocidentais.

A Intuição como Característica

Competindo com os que definem a intuição como uma capacidade que pode ser desenvolvida por qualquer pessoa normal, e aperfeiçoada mediante a prática de técnicas específicas, há um outro grupo de psicólogos sociais que vêem a intuição não como uma capacidade, mas como uma característica. Nesse caso, a natureza, e não o ambiente, desempenha um papel predominante na capacidade de exibir o fenômeno.

A intuição, para esses investigadores, poderia ser uma característica inata que estivesse mais disponível para determinados tipos, ou disponível sob determinadas condições em vez de uma técnica disponível, sempre que for solicitada, a todos os que praticarem determinada forma de treinamento mental. Entre os que se postam neste segundo grupo está o psicólogo e filósofo Carl Gustav Jung, cujo conceito de "inconsciente coletivo" é bem conhecido. Com base na análise junguiana, o Teste de Myers Briggs classifica as pessoas em tipos psicológicos específicos:

- perceptivo/julgador
- extrovertido/introvertido
- sensitivo/intuitivo
- racional/sentimental

De acordo com esse ponto de vista, determinados indivíduos são mais "intuitivos" do que outros. Em outras palavras, a intuição é um traço inato da personalidade e a capacidade intuitiva, de alguma forma, é inerente a determinados tipos de pessoas mas não a outros. Algumas outras características muitas vezes acham-se combinadas com a capacidade intuitiva, mas o talento é proporcionado por genes herdados e não por quaisquer tentativas de aprimorar uma capacidade encontrada em todos nós.

De fato, a maioria das pessoas descreve a intuição como um tipo de talento, uma feliz inclinação no DNA. Depois de rever uma longa recomendação de promoção para um importante general, na II Guerra Mundial, está registrado que Winston Churchill colocou-se bem dentro desse campo quando olhou para o autor da recomendação e disse: "Mas você não me disse nada sobre o que há de mais importante a respeito desse homem. Ele tem sorte?"

Intuição como Ser

Há uma terceira dimensão do comportamento intuitivo que também foi observada por diversos autores e autoridades. Isso acontece quando a capacidade intuitiva torna-se predominante na vida e no trabalho de um indivíduo.

Raramente isso leva a um fácil relacionamento com as múltiplas estruturas da civilização. O poder de nossa tecnologia sobre o mundo orgânico do qual viemos é o poder de repetir. Apenas por meio da repetição é que dominamos o mundo à nossa volta. Dominamos a Terra porque pudemos repetir os nossos esforços até atingirmos o nosso objetivo.

No mundo da natureza nada se repete, a não ser de maneira muito geral. No mundo da tecnologia, nada funciona se as coisas não se repetirem de uma forma muito específica. Isso dificulta o papel do indivíduo predominantemente intuitivo, que vive numa síntese diária de identidade, um modo de vida espontâneo, porém atento, que é orientado pela decisão consciente de não buscar nenhuma meta específica, mas um caminho retilíneo e que esteja de acordo com a sua intuição pessoal.

Isso freqüentemente vem acompanhado de grande sucesso nos diversos campos em que essas pessoas atuam. Elas em geral são consideradas líderes originais, quer seus objetivos sejam internos, externos ou eternos. Todos conhecemos o Papa João XXIII, o Dalai Lama ou muitas outras figuras religiosas de todos os continentes, e temos exaltado esses grandes santos e guias espirituais intuitivos.

Em planos mais terrenos, existem as pessoas significativamente intuitivas que iluminaram uma ou outra área: os Einstein, os Henry Ford ou os Jim Lear. Como Lear pôde inventar o rádio de carro Motorola, o toca-fitas de oito trilhas e o Lear Jet depois de ter freqüentado a escola só até os 14 anos? Que talentos permitiram a Mahatma Gandhi intuir a psique de toda uma nação, ou impeliram Chuck Yeager para além da barreira do som? Outros mestres originais e catalíticos na área tecnológica foram Edwin Land, da Polaróide, Robert Watson, da IBM, e Harry Edgerton, do MIT, que tiveram de beber no poço da intuição.

Por mais brilhantes que seus cálculos tenham sido, a estrutura mental e a personalidade dessas pessoas muitas vezes estão longe de ser analíticas quando não estão com um projeto específico nas mãos. Norbert Wiener, o original teórico das ciências da computação e o fundador da ciência cibernética, encontrou-se com Albert Einstein apenas uma vez, por mero acaso, durante uma viagem de trem às margens do lago Genebra, na Suíça. Wiener conta que, durante a hora em que viajaram juntos, eles nunca falaram de física nem de matemática, mas ficaram ambos fascinados pela poesia das cores das nuvens e do lago – arenas da imaginação e da intuição. O mundo estava falando, e eles o ouviram juntos, com apreço e prazer – atitude receptiva que leva à intuição.

Em momentos como esses, podemos observar que aqueles gigantes da intuição que moldaram os padrões de nossa vida raramente estão entregues a um transe espiritual. Eles sempre estão atuando no contexto do mundo real. A estrutura mental do ser intuitivo nada tem que ver com a manipulação emocional de alguns líderes espertos ou populares. Isso é apenas carisma. Os indivíduos totalmente orientados pela intuição mostram-se abertos e generosos, conscientes do mundo e sensíveis à vida. Neles, as barreiras entre a experiência e a reflexão quase não existem.

Para muitos de nós, contudo, finalmente parece haver uma concordância geral de que a intuição assemelha-se ao talento, o qual pode ser inerente a cada indivíduo e, mesmo assim, passível de ser desenvolvido. Se for uma capacidade, ela obviamente estará mais disponível para todos os que aprenderem os diversos métodos para intensificá-la.

A Intuição como Fenômeno Multicontextual

Uma outra razão pela qual tem sido tão difícil definir intuição é que se trata de um fenômeno em que não há um momento específico em que os seus efeitos se manifestem e possam ser vistos. O talento para a dança não abandona um dançarino se ele tem de saltar para o lado a fim de sair do caminho de um automóvel. Da mesma forma, administradores intuitivos poderão descobrir que existe todo tipo de contexto para a manifestação de habilidades intuitivas.

Resposta Instantânea

Quando tudo parece estar escapando ao controle, as capacidades intuitivas vêm à tona nas reações e decisões das pessoas que têm a capacidade de superar crises. O dólar está barato; compramos quanto de petróleo árabe? Este homem está nos dizendo a verdade sobre a sua retaguarda financeira? Existe um padrão semelhante num documento impresso ou numa reação inesperada que ocorra no interior de um béquer?

Curto Prazo

A intuição de curto prazo é provavelmente a área de maior interesse para os administradores. Embora seja útil ter a capacidade de recorrer à intuição para sair de situações difíceis, a maioria das situações não é tão urgente, e a intuição tem um prazo mais longo. Este é o processo de "sentir" o problema, de "captar o *feeling*" do projeto ou de confiar no próprio "pressentimento". Em todas essas descrições da intuição, aparece a palavra "sentimento", demonstrando um claro afastamento dos processos de raciocínio analíticos ou lógicos, por meio dos quais normalmente tomamos as nossas decisões.

No universo do médico, este talento pode levar a uma excepcional capacidade para fazer diagnósticos. No mundo dos negócios, manifesta-se na forma de uma excepcional capacidade para sentir as oscilações do mercado. A própria palavra "excepcional" sugere um poder que transcende a lógica – e, até mesmo, a criatividade ou a esperteza.

Para a obtenção dos melhores resultados possíveis, a capacidade de diagnosticar problemas criados pelas mudanças rápidas, pelas complexidades e pelos conflitos pode requerer uma estrutura mental intuitiva. Como as práticas e exercícios que podem estimular a capacidade intuitiva em geral são feitos de forma regular, a nossa capacidade de recorrer a julgamentos intuitivos ou analíticos, portanto, pode melhorar com o tempo. Esse tipo de talento parece requerer descontração: ele quase pode transformar-se numa desculpa para fazer uma pausa a fim de deixar que as coisas entrem nos eixos, para "sentir" a situação.

Como não estão associadas a emergências, essas intuições de curto prazo são caracterizadas pela capacidade de retroceder mental e emocionalmente e de avaliar a situação. Essa intuição de curto prazo é, provavelmente, o tipo de intuição mais desenvolvido pelas diversas técnicas que serão analisadas no capítulo seguinte, e, assim como a melhoria na capacidade de fazer diagnósticos, é possivelmente a modalidade mais preciosa para um administrador profissional.

Intuição Corrente

Por fim, há a intuição que, para algumas pessoas, sempre permanece em atividade. Essa é a capacidade corrente de intuição das pessoas que aprenderam o valor da intuição como força pessoal propulsora, como um instrumento útil para emergências e para avaliar uma situação.

O exercício de um estilo de vida intuitivo não é a obstinação de um diletante comodista, que confunde gratificação instantânea com a confiança em si mesmo. A pessoa pode estar em permanente contato com os seus sentimentos e, mesmo assim, não ser escravo de seus caprichos. Conservar-se aberto e manter o entusiasmo da infância é um dom do sábio; ser egocêntrico e infantil é a tendência do indivíduo que ainda quer controlar totalmente o processo, em vez de mostrar-se sensível a ele.

A capacidade intuitiva de longo prazo sempre vai produzir nas pessoas efeitos que têm alcance bem maior do que apenas sobre o ambiente de trabalho. Mesmo assuntos pessoais como as roupas, a dieta e as atividades sociais recaem no campo da intuição pessoal.

Parece, portanto, que a intuição não está restrita a nenhuma estrutura temporal específica. Ela pode surgir no contexto de uma decisão repentina, de um pressentimento interior ou, mesmo, de um estilo de vida. Ela sempre surge num contexto, mas a expressão contextual pode ser tão variada quanto o indivíduo e tão longa – ou curta – quanto for necessário. A boa intuição, assim como a energia, é um fenômeno conservado. Seja num instante, numa hora ou numa existência, nunca há um excesso.

A Intuição como Fenômeno de Múltiplos Níveis

A mente tem muitos níveis e apenas um deles é consciente ou racional. Como os administradores profissionais em geral são hábeis no que tange à manipulação de dados, poder-se-ia imaginar que a capacidade de mobilizar outros níveis seria uma vantagem se pudesse ser feito com alguma regularidade e confiança. "Use-a ou perca-a!" Se a intuição for um fenômeno gerado em outro nível, precisamos de um outro nível de linguagem para expressar ou explicar percepções que as palavras não conseguem expressar. Seria, certamente, mais fácil explicar a dificuldade de definição se fosse determinado que a intuição é inerentemente inexplicável. A intuição poderia perfeitamente ser uma forma de inteligência num nível a que, simplesmente, não podemos ter acesso com o pensamento racional. Para facilitar o exame desse possível aspecto da intuição, a consciência foi dividida em quatro níveis hierárquicos: consciência lógica, subconsciente, inconsciente e supraconsciente.

A Consciência Lógica

No nível mais mecânico e analítico está a consciência lógica, com a qual normalmente pensamos e nos comunicamos. Essa é a parte de nossa mente com que estamos em contato consciente durante a maior parte das horas de vigília. Ela é a consciência que está em contato direto com o influxo de dados sensoriais.

O pensamento normal da consciência é caracterizado por uma dependência dos fenômenos observáveis e, supostamente, prováveis. Ela conserva os padrões de nossa percepção, de nosso conhecimento e de nossas crenças. Ela tende a ser seletiva, de modo que as informações que não estejam de acordo com nosso interesse atual talvez não cheguem a ser percebidas.

A informação disponível nesta forma de consciência requer constante contato e atenção à fonte específica da informação que estiver sendo revisada. Ao que parece, ela não pode operar por si mesma e dentro de si mesma. Ela necessita de um contexto que não apenas é consciente mas que também pode ser comunicado. Este é o aspecto extremamente calculador da atividade mental humana – o aspecto cartesiano da mente. Ela não pode atuar sem um objeto, e seu objetivo básico é o de manter-nos alertas e vivos.

O Subconsciente

O nível mental subconsciente também está sempre ativo, mas, em geral, não está disponível à mente consciente. Todavia, ele assemelha-se à consciência lógica no sentido de que a informação disponível a ele foi adquirida ao mesmo tempo que as informações usadas em nossas percepções conscientes.

Se um administrador, por exemplo, estiver examinando a literatura em busca de determinado artigo, ele não poderá deixar de ler dezenas de outros artigos com nomes parecidos. Uma vez que se tem acesso aos dados, eles passam a fazer parte da memória, assim como quaisquer outros – a diferença está apenas no número de vezes que se obteve acesso a eles. Se reconhecemos o rosto de um amigo numa multidão, também vemos outros rostos de um lado e de outro, e eles são retidos em nossa memória visual, conquanto não possamos ter acesso consciente a eles. A informação não está organizada para ser recuperada conscientemente; ela não está estendida ao longo de uma linha de pensamento.

Da mesma forma, ouvimos coisas quando não estamos escutando, compreendemos coisas nas quais não pensamos e a mente sabe onde está a nossa mão esquerda quando estamos atentos à colher que seguramos com a mão direita. Tomada em conjunto, há uma grande quantidade de memória subconsciente à disposição de cada um de nós. A maioria de nós já leu relatos sobre a capacidade que a hipnose tem de permitir o acesso a essas áreas "esquecidas". A existência desse subconsciente tem sido aceita até mesmo pelas pessoas mais racionais.

É bem provável que as informações do subconsciente estejam sempre formando uma interface com o consciente. Elas poderiam acrescentar certa quantidade de dados e influenciar a tomada de decisões mas seriam consideradas como um pressentimento interior; não haveria memória consciente a ser revista.

Muitas teorias e técnicas que tentam estimular a "resolução criativa de problemas" são projetadas para ajudar as pessoas a preencher a lacuna entre a mente consciente seletiva e a mente subconsciente, mais holística e desorganizada. Uma das maneiras de ter discernimento no nível sutil é ser sensível às ressonâncias que ocorrem quando o pensamento subconsciente tem utilidade para um plano ou estratégia consciente. Além do mais, como esse vasto conjunto de informações é desorganizado, às vezes ele pode lidar com coisas mais complexas do que as que podem ser imaginadas pela nossa mente consciente. Estamos conscientemente inibidos pelo que consideramos real; o subconsciente lida com a possibilidade.

Uma vez mais, devemos notar que muitas dessas técnicas tendem a destacar o fato de que um estado mental descontraído e reflexivo é o mais favorável para a criatividade e para a intuição. Se relaxarmos no que diz respeito à linguagem e à organização consciente, o subconsciente poderá fazer-se conhecido em toda a sua riqueza de experiências que acabamos de "esquecer". Todos nós podemos trabalhar com mais do que aquilo que conhecemos, e a maioria dos administradores ficaria feliz em aprender a usar essa dimensão adicional com maior regularidade. Não há nenhum custo extra.

O Inconsciente

Todavia, há um nível abaixo do subconsciente, mais importante e mais desorganizado. Este é o nível do verdadeiro inconsciente. É aí que as lembranças – cuja natureza é quase bioquímica – agem reciprocamente com o mundo num nível em que quase não há contato. Uma mãe sente quando o filho está em perigo; um administrador sabe que a recessão está chegando. Não houve nenhum contato sensorial e, portanto, não era possível nenhuma recuperação consciente nem inconsciente; no entanto, ainda havia uma sensação que poderia levar a pessoa a agir. Esse é o domínio da Percepção Extra-Sensorial, em que a capacidade excepcional de ligar-se a algum outro nível não apresenta um caráter hereditário. Será que o corpo lembra-se dos batimentos cardíacos e os conta de alguma forma inconsciente, de modo que a morte do pai ou da mãe é anunciada por um sonho a centenas de quilômetros de distância?

A intuição poderia originar-se aqui, tão longe do subconsciente quanto este se encontra do consciente lógico. Se a consciência é o sol que dirige e ilumina a nossa vida, esse inconsciente seria exterior ao sistema solar. Seria como uma Nuvem Oort, um lugar muito distante que dá origem aos cometas que penetram no nosso sistema solar e produzem efeitos que fogem completamente às regras que regem o poder do Sol.

Esses sentimentos intuitivos, porém, são fundamentados em nossas percepções a respeito de nós mesmos. Estamos talvez em contato com uma outra mente, mas sempre de uma outra mente específica. Temos uma sensação de urgência relacionada à criança ou a um projeto – mas trata-se dessa criança ou projeto em particular. Enquanto a consciência lógica faz uso de dados claramente recordados, e o subconsciente usa todos os outros dados disponíveis que acaso estejam ali (dentro do indivíduo), o inconsciente utiliza todos os dados disponíveis que estejam fora daí. O inconsciente não recorre à experiência sensorial anterior. Este é um fenômeno mental original, que tem sua origem na ligação com outras mentes e/ou com a matéria.

A Supraconsciência

Resta, pois, um último nível. Conquanto seja o mais difícil de definir, este poderia ser – tal como um código de acesso de computador – um universo de inteligência difusa, mostrando-se de forma sutil e quase invisível apenas quando perdemos de vista a nós mesmos. Seria como a luz de um céu estrelado numa noite sem lua – infinitos pontos de inteligência, tão desprovidos de sentido para a mente quanto um milhão de uns espalhados entre um nada universal de limitantes zeros.

Para compreender o que está realmente se passando, precisamos deixar de lado nossa estrutura pessoal de referência. Observando o céu noturno, Einstein teve o palpite que acabou conduzindo-o à teoria da relatividade. No momento em que perdemos contato com os detalhes e nos abrimos para os aspectos realmente universais da mente, as idéias mais grandiosas e universais podem subitamente aparecer.

A "inteligência pano de fundo", que vai além da inteligência bioquímica e confere aos nossos órgãos sensoriais os seus diversos poderes, é tão difusa que a atribuição específica de causa torna-se impossível, mesmo no sentido das comunicações recebidas pelo inconsciente. Essa comunicação mental difusa foi recentemente estudada numa série de experiências japonesas em que alguns macacos em ilhas separadas foram ensinados a lavar o alimento que lhes fora fornecido pelos pesquisadores. Inesperadamente, quando certo número de macacos tinha aprendido a lavar suas fatias de batata-doce crua, outros macacos em colônias de ilhas completamente separadas começaram a fazer o mesmo. Tratava-se sempre de um fenômeno numérico. O efeito não acontecia até que certo número tivesse aprendido a nova técnica, e foi chamado de "fenômeno do centésimo macaco": em alguns casos, um macaco a mais parecia ser suficiente para pôr a idéia para circular numa espécie de mente dos macacos. O conhecido cientista britânico Rupert Sheldrake chama a isso de "ressonância mórfica".

Há movimentos que parecem surgir espontaneamente em diferentes partes de um país, como se houvesse alguma linha de comunicação em comum, disponível a todos nós no nível mais básico e universal. Aqui, num nível além de qualquer compreensão ou, mesmo, de qualquer sentimento, pode surgir certo sentido de conhecimento. Isso é do conhecimento de pessoas muito sábias de qualquer idade. É nisso que se baseia a mente universal, pois todos os outros níveis de conhecimento requerem restrição e seleção cada vez maiores.

Todos nós estamos o tempo todo em contato com esse nível. Todavia, simplesmente não podemos saber isso se não notarmos que parecemos estar sintonizados com os novos tempos e que não somos surpreendidos e sentimo-nos à vontade com as introvisões culturais e filosóficas que afetam pessoas, grupos e, às vezes, povos inteiros.

Esta é a intuição a que todos temos acesso, enquanto pessoa, na maneira como exibimos nossa própria variação criativa e original da sabedoria universal da nossa espécie. Quando chega a hora da supraconsciência mover-se, alguns irão deslocar-se com ela, do mesmo modo como a energia viaja através da água na forma de uma onda, até quebrar-se na praia da consciência. Assim como as ondas constantemente arranjam de novo a linha de arrebentação, a supraconsciência faz isso com os fundamentos da vida humana, enquanto os seres humanos evoluem e se desenvolvem. Se a intuição é resultado da ação mútua entre esses outros níveis de consciência, fica fácil compreender por que qualquer definição específica iria mostrar-se limitante. As definições funcionam apenas dentro dos níveis da atividade mental e não entre eles. Se a intuição é a centelha que forma um arco entre o subconsciente e o consciente lógico, ou entre o supraconsciente e o inconsciente, ela deve ser a essência da comunicação e, em princípio, dificilmente seria o tipo de fenômeno que se mantivesse por perto para ser medido ou examinado.

A Figura 3.1 ilustra esses quatro níveis de consciência e os correspondentes níveis e tipos de processo mental. As flechas apontando para dentro indicam o contínuo fluxo de intuição que está ao nosso alcance. Observe as circunferências pontilhadas em todos os círculos, exceto o que está mais no interior, indicando a resistência geral da mente lógica.

A Intuição como Substantivo, Verbo e Adjetivo

Ao penetrar nessa variedade de percepções multidimensionais, multicontextuais e de múltiplos níveis, observa-se que o fenômeno da intuição tem aspectos de substantivo, verbo ou, até mesmo, de adjetivo (ver a Figura 3.2).

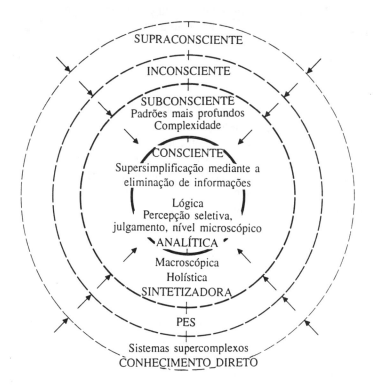

Figura 3.1 Estrutura da intuição

Substantivo

O processo da intuição resulta num determinado tipo de percepção baseado em diversos níveis de consciência, variando desde a consciência sensorial comum até a supraconsciência. Contudo, o estágio seguinte do nosso pensamento, depois da percepção, é o julgamento, conforme foi lucidamente explicado por Carl Jung. Esse julgamento também é chamado de intuição. Ele pode estar relacionado com a realidade fundamental ou com uma situação imediata e específica. Pode haver toda uma variedade de pessoas, de acontecimentos, de coisas ou de idéias a respeito das quais uma pessoa pode ter uma intuição ou julgamento.

Verbo

Considerada no aspecto de um verbo, a "intuição" refere-se ao processo de intuição. Ela é um fenômeno experimentado interiormente, mas que também é influenciado por elementos externos. Para compreender isso, precisamos atentar para a estrutura da intuição.

A Figura 3.1 ilustra a estrutura da intuição, mostrando os quatro níveis da consciência, a saber: o nível lógico consciente, subconsciente, o inconsciente coletivo (incluindo o inconsciente pessoal) e o supraconsciente. Num sentido, o consciente lógico e as dimensões subconscientes referem-se ao processo interior do indivíduo, ao passo que o inconsciente coletivo e o supraconsciente referem-se a fenômenos exteriores.

Quanto à experiência interior nos níveis lógico e subconsciente, há dois componentes da intuição.

1   No nível consciente, ela consiste no reconhecimento de um padrão, ou no que poderia ser descrito como afirmações do tipo "se... então", e em sua rápida recuperação sem o uso consciente de passos lógicos ou analíticos. Isso também é chamado de inferência rápida.

2   No nível subconsciente, o processo consiste em acessar o reservatório interior de experiência e conhecimento desenvolvido ao longo de muitos anos e em extrair dele uma resposta ou um impulso para fazer ou deixar de fazer alguma coisa, ou para fazer uma escolha entre algumas alternativas – uma vez mais, sem ser capaz de entender conscientemente como chegamos às "respostas".

Quanto à arena exterior, existem também dois níveis: o inconsciente coletivo e o supraconsciente. De acordo com a classificação junguiana, no nível do inconsciente coletivo estão aquilo que ele chama de "arquétipos". De acordo com algumas tradições místicas e com determinadas pressuposições metafísicas, há também o nível supraconsciente (coletivo), o qual indicaria que a realidade última é um tipo de padrão, ordem ou consciência

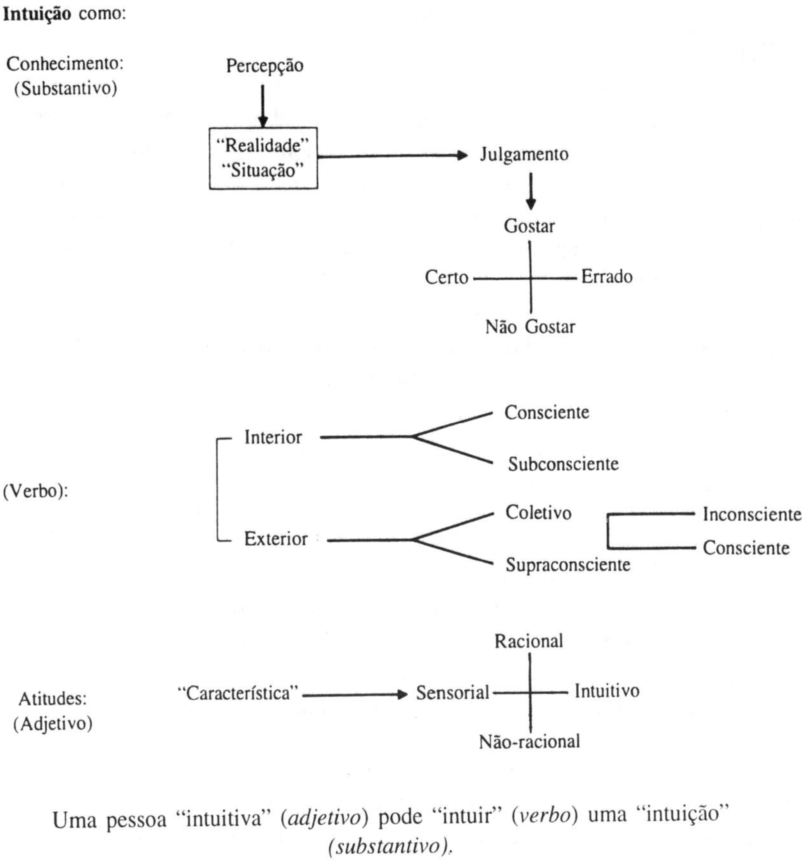

Intuição como:

Conhecimento:
(Substantivo)

Percepção

"Realidade"
"Situação" ──→ Julgamento

Gostar

Certo ──┼── Errado

Não Gostar

(Verbo):

Interior ──< Consciente / Subconsciente

Exterior ──< Coletivo / Supraconsciente ──< Inconsciente / Consciente

Atitudes:
(Adjetivo)

"Característica" ──→ Sensorial

Racional ──┼── Intuitivo

Não-racional

Uma pessoa "intuitiva" (*adjetivo*) pode "intuir" (*verbo*) uma "intuição"
(substantivo).

Figura 3.2 Intuição como substantivo, verbo e adjetivo

pura. Através do processo da intuição, a pessoa pode ter acesso ao inconsciente e, também, entrar em sintonia com o nível supraconsciente e discernir o padrão ou ordem finais. Em qualquer dos casos, o processo intuitivo gera uma ressonância que forma uma interface com o nível cons-

87

ciente, criando uma imagem ou uma forte sensação, ou, ainda, um desejo claro e compulsivo. Todo esse processo é intuitivo.

Adjetivo

O terceiro aspecto da intuição é o de adjetivo. Em geral, isso é usado com relação a indivíduos, os quais podem ser considerados "mais" ou menos intuitivos. Em outras palavras, isso diz respeito à intuição como uma capacidade ou atitude. Aqui, uma vez mais, de acordo com a classificação junguiana, a pessoa pode fundamentar sua percepção e julgamento seja em seu próprio sentido, seja em sua intuição interior.

Para juntar os três aspectos da intuição em uma única frase e, portanto, resumir o conceito total: "Uma pessoa intuitiva (adjetivo) pode intuir (verbo) e experimentar uma intuição (substantivo)."

Podemos agora voltar para a arena do uso da intuição como um verbo, substantivo ou, mesmo, como um adjetivo. O uso e a aplicação da intuição constituem algo tão disseminado em praticamente todos os campos da ação humana que isso pode ser considerado um fenômeno de ocorrência geral. Todavia, selecionando-se apenas algumas poucas disciplinas dominantes – como filosofia, epistemologia, psicologia, arte e estética, neurociência e misticismo – pode-se identificar os diversos tipos de uso da intuição em cada uma delas (ver a Figura 3.3).

Quanto à arena da filosofia, há duas abordagens básicas: a dos que reconhecem a intuição e a dos que não fazem isso – intuicionismo e empirismo. Os filósofos que acreditam em intuição a descreveriam como um conhecimento direto, imediato e não-deduzível. Isto poderá ser "verdadeiro" a respeito de uma realidade máxima ou *a priori*, ou sobre qualquer outra coisa. A segunda abordagem, chamada de empirismo, que não reconhece a intuição, considera ainda como uma inferência aquilo que poderia parecer intuição. De acordo com essa visão, todo conhecimento é deduzível.

No âmbito da filosofia, a preocupação é com o conhecimento. O que interessa é aquilo que pode ser conhecido. Portanto, a intuição, aqui, tem a natureza de um substantivo. Na segunda disciplina, a epistemologia, o principal interesse é o modo como sabemos aquilo que sabemos; isso está mais relacionado a um processo ou capacidade e, portanto, parece estar tratando a intuição como um verbo. Na psicologia, um dos principais

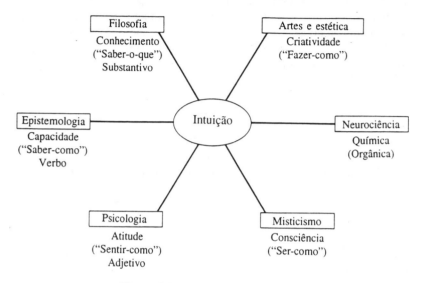

Figura 3.3 Múltiplas facetas da intuição

interesses é o desenvolvimento de introvisões acerca da natureza e das características humanas. Aqui temos uma classificação muito interessante, feita por Jung, dos vários tipos humanos de processamento de informações. Segundo Jung, há dois aspectos básicos desse processamento: percepção e julgamento. Em termos de percepção, as pessoas podem ser divididas em duas grandes categorias: as que percebem com base em sua intuição e as que dependem basicamente de suas experiências sensoriais. Em termos de julgamento, as pessoas também dividem-se em dois tipos: as que dependem de seu pensamento racional e as que dependem mais de seus sentimentos. Em outras palavras, existem pessoas que podem ser mais intuitivas do que outras como parte das características de sua personalidade. Aqui, a intuição é tratada mais como uma característica da pessoa, ou seja, como um adjetivo. No campo das artes, a intuição é a fonte da expressão artística e criativa. A neurociência trata da química do cérebro no nível orgânico – em outras palavras, um estudo da configuração das ondas cerebrais, de seus padrões ou redes neurais e de seu comportamento quando se supõe que os processos intuitivos estejam operando. Na arena das tradições místicas, por fim, o principal objeto de interesse são os vários níveis da consciência ou "ser". Supõe-se que o nível intuitivo seja aquele em que o indivíduo está quando entra em sintonia com a consciência pura: a intuição como um modo de viver.

O Que a Intuição Não É

Está claro que a intuição significa muitas coisas para muitas pessoas. Contudo, o elemento comum é que a intuição constitui algo que praticamente todo mundo conhece mas que dificilmente alguém seria capaz de definir com precisão. Em vista disso, a pessoa pode sentir-se tentada a dizer que as pessoas têm uma compreensão "intuitiva" daquilo que existe!

O mais importante nesse contexto, então, é garantir, na medida do possível, uma compreensão do que a intuição não é. Há muitas experiências semelhantes à da intuição e que precisam ser explicadas para que não sejam confundidas com a verdadeira intuição.

Instinto

Supõe-se que o instinto seja uma inteligência inerente, organísmica, que serve aos propósitos de sobrevivência de seres humanos e não-humanos. Sua principal característica é a de situar-se fora do limiar da consciência. Trata-se de um mecanismo interno que nos leva, automaticamente, a efetuar atividades que contribuam para a nossa sobrevivência, a menos que haja interferência consciente. Esse tipo de interferência é observado apenas em seres humanos. O instinto, portanto, parece ser quase o oposto da intuição, se a última for caracterizada por um nível mais elevado de consciência.

Impulso

O impulso é uma resposta momentânea a um estímulo. Podemos chamá-lo de reação programada. Esta parece ser uma forma de comportamento baseada em hábitos passados, em influências, no treinamento, nas noções preconcebidas etc. Na linguagem popular, freqüentemente dizemos que esse tipo de comportamento é impulsivo, implicando ação impensada. Devemos, é claro, distingui-la da ação espontânea, a qual, embora imediata, é consciente e desprovida de inibição. O comportamento impulsivo é programado e tem o atributo da compulsividade. Um touro está programado para atacar a capa vermelha do matador; um ser humano pode ser programado para atingir uma reação negativa a determinados sinais e símbolos.

Engenhosidade

A engenhosidade opera dentro do campo do conhecido; a intuição aciona o desconhecido. A engenhosidade pode descobrir novas relações, novos usos e novas combinações, mas no âmbito dos velhos conceitos e materiais. Sua matéria-prima é aquilo já conhecido – ela desenvolve, por exemplo, uma nova receita usando ingredientes já conhecidos.

Inspiração

A inspiração é um fenômeno experimental e não conceitual. Falamos da elevação de nosso espírito, da abertura de uma porta para o mundo cósmico, de um estado culminante de vida que, às vezes, pode conduzir a expressões criativas etc. Falamos do compositor sendo "inspirado" a criar uma nova sinfonia.

Intelecto ou inteligência

O intelecto é uma função da mente estreitamente relacionada com a engenhosidade – um elevado grau de intelecto é necessário para se trabalhar como analista de informática, por exemplo. A inteligência, por outro lado, é sabedoria envolvendo discrição, compreensão, percepção do que é ou não apropriado, a capacidade de ver as coisas numa perspectiva total, clareza e acuidade de percepção etc. A inteligência está mais próxima da intuição.

Inclinação ou Pensamento Veleitário

Não há nenhuma maneira clara de distinguir intuição de pensamento veleitário*. Não pode ser feito nenhum teste científico (público, quantitativo) porque este é o domínio da experiência pessoal. Só podemos dizer que na intuição há um senso de certeza, um sentimento que conduz a uma decisão ou providência e, mais importante, ausência de automotivação. O pensamento veleitário é uma manifestação do eu em busca de satisfação. No pensamento veleitário, o indivíduo vê aquilo que deseja ver; na intuição, ele vê aquilo que existe para ser visto, sem a interferência de simpatias e de antipatias pessoais – o ego pessoal.

Portanto, a questão ainda permanece: como se pode distinguir a intuição autêntica do pensamento veleitário? Uma das abordagens possíveis é observar determinados sintomas que, ao que se supõe, sejam experimentados por quem esteja tendo uma autêntica intuição.

Sintomas da Intuição Autêntica

Corpo/Nível Físico-Sensorial

Parece haver um consenso de que, em geral, as pessoas sentem um tipo de calor, conforto ou vibração de energia positiva durante o processo intuitivo. Algumas pessoas ouvem até mesmo um tipo de voz interior quando a intuição está se manifestando.

Mente

Freqüentemente se diz que, durante o processo intuitivo, a mente experimenta um tipo diferente de clareza ou de certeza, que também é mais intensa.

---

* Pensamento veleitário, que a pessoa gostaria fosse verdade; crença baseada em desejos, não em fatos (N. do T.).

Emoção

Um desejo compulsivo ou um sentimento de agitação em geral é experimentado quando a pessoa tem a intuição de que deve fazer ou deixar de fazer algo.

Nível Não-Sensorial

Essa área não foi ainda suficientemente pesquisada para se saber se existe algum padrão de onda cerebral ou de sincronia hemisférica que poderia ser relacionado à experiência da intuição. Até o momento, aventa-se a hipótese de que há uma predominância de ondas alfa e teta quando ocorrem vislumbres de intuição. Foi também proposta a hipótese de que talvez haja uma sincronia dessas ondas nos hemisférios esquerdo e direito do cérebro, indicando que a amplitude das ondas em ambos os hemisférios é semelhante.

Consciência

Também tem sido sugerido que as experiências de um tipo diferente de elevação de consciência, luminosidade ou "brilho", poderiam indicar a intuição autêntica.

Os sintomas apresentados acima constituem evidências empíricas que diferem de pessoa para pessoa. Se nenhum dos sintomas acima for experimentado, isso não significa necessariamente que a autêntica intuição não esteja acontecendo. Eles são enumerados aqui apenas como uma informação adicional a respeito do tipo de evidência sintomática que, conforme se crê, geralmente acompanha uma genuína experiência intuitiva.

Conclusão

Parece que estamos de acordo quanto à utilidade da intuição na vida dos administradores; podemos até mesmo especificar as áreas em que a intuição pode ser particularmente útil. Encontrar uma definição para ela, todavia, parece ser mais difícil. Podemos perguntar a peritos de muitas áreas do conhecimento e obter várias respostas. Podemos examinar a intuição como capacidade, treiná-la como um talento ou, simplesmente, sermos sensíveis à administração de crises – aquela sensação profunda na qual algumas pessoas podem ter mais confiança do que outras – ou, ainda, vê-la como um estado mental ideal.

Ainda carecemos de coordenadas específicas para definir esse fenômeno da maneira como gostamos de definir as coisas. Talvez no contexto da comunicação entre o domínio verbal e o domínio global, entre a mente da pessoa e a mente da espécie, entre o que é e o que poderia ser, possamos adquirir algum tipo de compreensão de que o entendimento não é o mecanismo que, algum dia, poderá explicar o que é intuição. Além do mais, a compreensão poderia inibir a intuição, da mesma forma como uma definição poderia limitá-la.

4

O Aprimoramento da Intuição: Como Ter Acesso a Ela e Como Intensificá-la

Quando estou completamente sozinho e de bom humor – digamos, viajando numa carruagem, caminhando após uma boa refeição ou durante a noite, quando não consigo dormir – é que o fluxo de idéias se torna melhor e mais abundante. Por que e como isso acontece eu não sei; tampouco posso forçar sua ocorrência.

Wolfgang Amadeus Mozart (1756-91)

Conforme indica o título deste capítulo, o desenvolvimento da intuição está relacionado a dois elementos. Um é a etapa de acesso à intuição, e o outro é o cultivo ou intensificação desse processo. Conforme foi observado anteriormente, a intuição, em certo sentido, sempre está presente, o que significa que a informação está em toda a parte. Tomemos a metáfora do rádio: um rádio pode ser ligado e sintonizado em determinada freqüência, captar qualquer programa que estiver sendo transmitido, receber o programa na forma de ondas e convertê-las num som de freqüência audível para o ouvido humano. Da mesma maneira, se desenvolvermos uma tecnologia ou processo a què chamaremos de processo intuitivo, então também poderemos captar fontes de informação internas – situadas dentro de nós – e externas – situadas fora de nós –, conforme está ilustrado na Figura 3.1. A partir deste ponto de vista, podemos dizer que a intuição

está "chovendo" o tempo todo, mas a maioria das pessoas, durante a maior parte do tempo, tem o hábito de usar um guarda-chuva que bloqueia o *input* de "chuva" ou "informação" provenientes das fontes de intuição.

Em nossa mente racional, há diversos bloqueios que nos impedem de receber informações úteis. Portanto, na primeira etapa do processo que envolve o acesso à intuição, há duas coisas que devemos fazer: desenvolver a receptividade (também chamada de "preparação") e ter um tipo de percepção e atenção que nos possibilite receber a informação. Em outras palavras, "relaxar" e "receber" são os dois elementos da primeira etapa de acessamento da intuição. Há muitos processos – dos quais apresentaremos uma breve descrição – que facilitam o relaxamento e a receptividade. No segundo estágio, o da intensificação da intuição, há também dois aspectos: criação de uma introvisão e sua aplicação. Para isso também há dois processos disponíveis e que poderão ser descritos como intuição deliberada.

O primeiro estágio também é chamado de intuição passiva e o segundo de intuição ativa ou deliberada. Todavia, os processos que o indivíduo pode aprender são comuns a ambos os estágios. Eles basicamente implicam, primeiro, a criação de uma percepção descontraída e não-seletiva para receber informações e, segundo, que sempre que houver um problema ou questão específicos, o uso de processos específicos (depois de se alcançar o estado de percepção não-seletiva) permitirá que o indivíduo obtenha respostas também específicas.

A Escolha de um Rumo

Conforme mostra a Figura 4.1, num sentido mais amplo existem duas abordagens: uma para a escolha do rumo a seguir e outra para a opção por uma alternativa específica ou para a escolha entre várias alternativas. Conforme será observado, há cinco dimensões do eu: corpo, mente, emoção, sistema neurossensorial e consciência.

1 Começando pelo corpo, no nível físico, há diversos processos de relaxamento, tais como respiração profunda, relaxamento progressivo etc.

2 No nível da mente, há dois tipos de processo: (a) passivo e (b) ativo.

(a) No nível passivo, a pessoa deixa a mente vaguear e os pensamentos correrem, facilitando o fluxo de imagens. Qualquer imagem que surja é bem-vinda e, em certo sentido, festejada; isso estimula as imagens e os pensamentos – quaisquer que eles sejam – a fluir passivamente mas com uma emoção positiva a testemunhar sua passagem.

(b) Num nível ativo, o indivíduo passa por uma série controlada de imagens – seja subindo uma colina, chegando ao topo e encontrando um sábio ou descendo uma colina, entrando num túnel, passando para um nível inferior e, aí, encontrando um retiro e

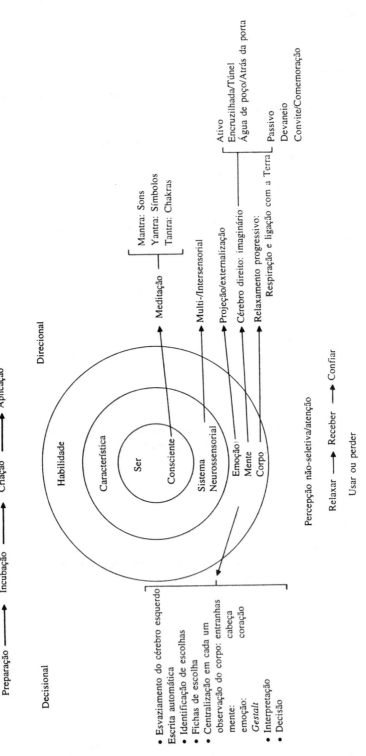

Figura 4.1 Como ter acesso à intuição e como acentuá-la

um sábio. O dilema ou questão é apresentado a essa pessoa, e ocorre um diálogo do qual podem aflorar algumas introvisões.

3   No nível da emoção, há processos conhecidos como "projeção" ou "externalização". Aqui, o indivíduo identifica-se com algum objeto inanimado, apresenta algumas perguntas para si mesmo e observa as respostas que recebe. Nesses processos, em virtude da eliminação do nível do pensamento veleitário pelo afastamento de si mesmo e pela identificação com um objeto inanimado, a verdadeira condição do subconsciente – sentimentos e informações interiores – vem à superfície.

4   No nível neurossensorial, há processos para o cultivo de capacidades de percepção multissensorial e intersensorial. Por meio da sensibilização e da intensificação dessas capacidades, podemos receber mais informações e de diferentes tipos.

5   E, por fim, no nível da consciência (pura) há diversos processos de meditação que podem nos ajudar a alcançar níveis de intuição mais profundos e intuitivos.

Os processos acima ajudam a pessoa a "escolher" intuitivamente um novo rumo.

Tomada de Decisões

O outro nível de tomada de decisões refere-se basicamente a um processo através do qual o indivíduo torna-se sensível ou desenvolve a capacidade de "ouvir" o corpo, a mente e as emoções em resposta a uma pergunta específica ou quando há necessidade de se fazer uma escolha a partir de diversas alternativas. Em termos simples, o que o indivíduo faz nesses processos é identificar as alternativas a partir das quais ele tem que fazer a sua escolha, tais como as alternativas (a), (b) e (c). Depois, o indivíduo precisa imaginar que escolheu a alternativa (a) e permanecer em contato (na imaginação) com a situação da alternativa (a) e, acreditando realmente que a escolheu, perguntar a si mesmo como se sente acerca dessas três dimensões de si mesmo: corpo, mente e emoção. Isso significa perguntar a si mesmo (enquanto permanece em contato com a experiência da alternativa escolhida) o que está sentindo nas entranhas (corpo), cabeça (mente) e no coração (emoção) e, por fim, em sua totalidade (*Gestalt*).

Causa realmente muita surpresa e forte impressão o fato de que o indivíduo recebe respostas diferentes quando faz a mesma pergunta ao mais íntimo de si, à cabeça, ao coração e à totalidade de seu ser. Quando as respostas são positivas em todos os quatro casos, então há uma boa probabilidade de que a pessoa tenha captado uma autêntica intuição, que não está em contato com o que se poderia chamar de pensamento veleitário.

5

Relatório Global: Levantamento Internacional Sobre Intuição

Introdução ao Levantamento

Nos quatro primeiros capítulos, expusemos ao leitor os pontos de vista dos autores a respeito da natureza, da importância e do papel da intuição nos diversos contextos – especialmente no processo de tomada de decisões em organizações voltadas para um propósito. O que falta – uma significativa lacuna na literatura relevante – é um relato de como a intuição é vista pelos administradores *top* e *senior* de diversos países através do mundo. Para preencher esse vazio, fizemos um Levantamento Internacional sobre Intuição para determinar o modo como as pessoas da linha de frente estão usando a intuição em sua vida pessoal e profissional. Em um dos mais ambiciosos projetos* do gênero, foram recolhidas respostas de 1312 administradores de organizações industriais e de prestação de serviços, relativamente grandes e de natureza não-governamental, representando uma população estimada em 1 milhão e 463 mil administradores.

---

* O projeto de pesquisa foi patrocinado pelo IMI (Genebra) e, posteriormente, pelo IMD, Lausanne, Suíça, sob a presidência de Jagdish Parikh.

Entre os nove países escolhidos estão economias de mercado altamente desenvolvidas (Áustria, França, Japão, Holanda, Suécia, Reino Unido e Estados Unidos), país de renda média em processo de desenvolvimento (Brasil) e país em desenvolvimento de renda baixa (Índia).

NOTA: Nesta edição, transcrevemos apenas os resultados gerais relativos ao Reino Unido, aos Estados Unidos, ao Japão e ao Brasil.
Ver Apêndices 2, 3, 4 e 5.

Este capítulo e o próximo apresentam os resultados gerais desse Levantamento Internacional sobre Intuição. O formato de ambos é idêntico, apresentando os seguintes subitens:

- perfil da população avaliada;
- avaliações de intuição;
- o que é intuição;
- maneira como vê a relevância da intuição;
- como a pessoa reconhece a intuição;
- uso da intuição;
- opiniões sobre certos conceitos;
- maneiras de ver determinados aspectos;
- interesse em participação adicional.

Os capítulos foram organizados de modo a passar da síntese mais geral – o relatório global apresentado aqui – para a síntese menos ampla – o relatório comparativo do Capítulo 6. Para os que estiverem interessados nos relatórios detalhados sobre cada país, estes podem ser encontrados nos Apêndices 2-5, os quais também apresentam a mesma estrutura e subitens. O Apêndice 1 descreve a estrutura do Levantamento enquanto o Apêndice 6 reproduz o próprio questionário do Levantamento.

Os capítulos e apêndices relativos ao Levantamento oferecem uma riqueza de dados que, indubitavelmente, servirão de estímulo para novas pesquisas e aprimoramentos. Até o momento, esta é a melhor pesquisa empírica disponível acerca do modo como administradores do mundo todo vêem o papel da intuição em suas vidas.

Perfil da População Avaliada

Nos nove países selecionados, o número total de administradores que preenchiam as especificações do Levantamento foi estimado em 1 milhão e 463 mil. Um perfil da população avaliada, juntamente com uma análise da amostra total, constituída por 1312 administradores, são apresentados na Tabela 5.1. Aqui, e ao longo do livro, os países são abordados na seguinte ordem: países desenvolvidos da Europa em ordem alfabética, Estados Unidos, Japão, Brasil (país em desenvolvimento com renda média) e Índia (país em desenvolvimento com renda baixa).

Será visto que:

- 12,1% dos administradores são do sexo feminino;
- a maioria (57,3%) dos administradores são relativamente maduros, tendo 45 anos ou mais;
- 39,4% dos administradores pertencem ao setor industrial e o restante ao setor de serviços;
- 37,2% dos administradores são de nível *top*;
- Os Estados Unidos e o Japão respondem por 64,0% da população avaliada, enquanto a França, o Reino Unido, o Brasil e a Índia respondem por mais 30,9%, e os três países pequenos (Áustria, Holanda e Suécia) contribuem com apenas 5,1% do total.

Tabela 5.1 Perfil da população avaliada

Categoria	Tamanho da amostra	População estimada (000s)	%	% corrigida considerando os NR*
Sexo				
Masculino	1197	1275,3	87,2	87,9
Feminino	99	175,2	12,0	12,1
NR*	16	12,8	0,9	–
Idade				
Abaixo de 35	112	111,6	7,6	7,7
35-44	497	505,9	34,6	35,0
45-59	614	713,3	48,7	49,3
Mais de 59	68	116,5	8,0	8,0
NR*	21	16,0	1,1	–
Tipo de Organização				
Indústria	660	557,5	38,1	39,4
Serviços	643	857,8	58,6	60,6
NR*	9	48,0	3,3	–
Área funcional				
Administração geral	384	610,8	41,7	44,2
Financeira	167	91,4	6,2	6,6
Marketing	179	136,4	9,3	9,9
Produção/Operações	165	185,4	12,7	13,4
Desenvolvimento de recursos humanos	158	159,6	10,9	11,6
Outros	206	197,1	13,5	14,3
NR*	53	82,6	5,6	–
Nível de Administração				
Senior	538	846,5	57,8	62,8
Top	259	501,0	34,2	37,2
NR*	515	115,8	7,9	–
País				
Áustria	114	17,2	1,2	1,2
França	118	106,2	7,3	7,3
Holanda	89	31,7	2,2	2,2
Suécia	456	24,5	1,7	1,7
Reino Unido	52	145,4	9,9	9,9
EUA	143	638,7	43,6	43,6
Japão	56	298,4	20,4	20,4
Brasil	204	80,4	5,4	5,4
Índia	80	120,8	8,3	8,3
Total	1312	1463,3	100,0	100,0

* NR = Não respondido

Grau de Intuição

Avaliação Objetiva

Pares de alternativas

As respostas às perguntas, com relação à escolha entre pares de alternativas (em que um dos termos indica uma orientação no sentido da Intuição e o outro no sentido da Lógica/Raciocínio) formaram o padrão apresentado na Tabela 5.2.

Tabela 5.2 Escolha entre os pares de alternativas

Voltada para a Intuição		Voltada para a Lógica/Raciocínio		Grau de não-expressão de preferência (%)
Descrição	Grau da preferência (%)	Descrição	Grau da preferência (%)	
1 Inventar	44,0	Construir	53,8*	2,3
2 Visão	60,0*	Senso Comum	37,0	3,0
3 Abstrato	31,7	Concreto	65,5*	2,8
4 Inovador	79,0*	Convencional	18,2	2,8
5 Criativo	67,5*	Analítico	29,9	2,6
6 Idéias	70,8*	Fatos	26,5	2,7
7 Imaginativo	53,3*	Realista	44,3	2,4
8 Engenhoso	49,0	Prático	48,8	2.3
9 Fascinante	49,4	Sensível	48,4	2,2
10 Espontâneo	52,7*	Sistemático	44,5	2,8

* A preferência observada é estatisticamente significativa (no nível de 5%).
As duas alternativas de cada par foram apresentadas ao respondedor numa seqüência aleatória predeterminada (ver a questão 2 do questionário no Apêndice 6).

Veremos que, nos oito casos em que foram observadas diferenças estatisticamente significativas, em seis deles o termo associado à Intuição foi preferido em detrimento de seu correspondente associado à Lógica/Raciocínio, tendo ocorrido o contrário nos outros dois casos. Isso indica *prima facie* que a orientação em favor da Intuição, entre a população que participou do Levantamento, é de uma ordem razoavelmente elevada. Nesta seção, mais adiante, tentamos fazer uma avaliação mais abrangente dos administradores quanto a essa dimensão.

Escore *Global da Intuição*

Atribuindo 1 ponto à escolha que indica uma orientação em favor da Intuição, e 0 para a escolha em favor da Lógica/Raciocínio, foi possível computar um *escore* total para cada administrador que respondeu ao questionário. Quando não houve indicação de preferência por um dos termos de determinado par (conforme se infere pelo fato de o respondedor ter assinalado ambas as alternativas ou ter deixado a seção em branco), foi atribuído meio ponto a cada alternativa; todavia, quando não foi indicada uma clara preferência por nenhum dos dez itens, esse tópico foi considerado como "Não Respondido" (NR). Fica claro que o *escore* total vai de 0 a 10, com intervalos de meio ponto.

Classificação

Com base no *escore* total para a intuição, foi feita a seguinte classificação dos administradores:

Escore	*Categoria*
0,0- 3,5	B: Baixa orientação
4,0- 6,0	M: Média orientação
6,5-10,0	A: Alta orientação

Conforme será visto, essa classificação foi usada como um dos elementos fundamentais na tabulação das respostas do Levantamento. Ela é chamada de "avaliação objetiva", em contraposição à "auto-avaliação" feita pelos próprios respondedores e que será analisada posteriormente.

Distribuição

A classificação acima deu origem à distribuição apresentada na Tabela 5.3.

A proporção de mulheres que atingiram uma pontuação considerada alta (50,3%) é significativamente maior do que a pontuação dos administradores do sexo masculino (38,4%), indicando que as primeiras podem ser consideradas mais Intuitivas.

Pelo mesmo critério, a orientação para a Intuição parece ter seu ponto máximo na faixa etária de 45-59 anos, embora as diferenças observadas não sejam estatisticamente significativas. O mesmo é válido para as diferenças observadas entre o setor industrial e o de serviços e entre os grupos formados pelos administradores *top* e *senior*.

Entre os países, os administradores do Japão, EUA e Reino Unido parecem ser mais Intuitivos, enquanto aqueles da Suécia parecem ser os menos Intuitivos. Considerando que a Suécia é tão desenvolvida quanto esses outros países, é difícil compreender por que seus administradores deveriam apresentar um comportamento tão diferente daqueles dos outros países.

Tabela 5.3 Distribuição baseada na avaliação objetiva da Intuição

Categoria	Baixa (%)	Média (%)	Alta (%)	NR (%)
Sexo				
Masculino	21,9	39,2	38,1	0,8
Feminino	15,1	33,2	48,9	2,8
Idade				
Abaixo de 35	22,0	41,0	37,0	–
35-44	22,9	36,9	37,7	2,6
45-59	18,7	39,1	41,9	0,2
Mais de 59	27,5	37,9	34,5	–
Tipo de Organização				
Indústria	19,8	42,5	36,9	0,8
Serviços	22,9	35,0	40,9	1,2
Nível de Administração				
Senior	20,6	38,2	41,1	0,1
Top	23,8	37,2	36,4	2,6
País				
Áustria	22,7	40,1	37,1	–
França	41,6	29,5	27,1	1,7
Holanda	30,0	39,9	30,1	–
Suécia	30,5	48,0	18,2	3,3
Reino Unido	13,9	43,3	40,6	2,2
EUA	20,9	36,1	43,0	–
Japão	10,3	42,4	44,6	2,7
Brasil	20,2	45,7	33,2	0,9
Índia	33,9	37,1	29,0	–
Total	20,9	38,6	39,5	1,0
(% corrigida levando em conta os NR)	(21,1)	(39,0)	(39,9)	–

* NR (= Não respondido) omitido de todas as categorias.

Tabela 5.4 Distribuição baseada na auto-avaliação da Intuição

Categoria*	Muito Alta (%)	Alta (%)	Média (%)	Baixa (%)	Muito Baixa (%)	NR (%)
Sexo						
Masculino	12,4	51,3	30,9	4,7	0,1	0,5
Feminino	18,2	62,2	19,1	0,4	–	–
Idade						
Abaixo de 35	6,7	47,0	42,8	2,7	0,4	0,4
35-44	9,0	54,2	31,6	5,3	–	–
45-59	14,8	53,2	26,9	4,3	0,1	0,7
Mais de 59	27,3	47,8	23,7	0,2	–	1,0
Tipo de Organização						
Indústria	12,5	52,2	30,1	4,0	–	1,1
Serviços	13,5	52,7	29,2	4,5	0,1	–
Nível de Administração						
Senior	11,7	50,4	32,0	5,4	–	0,5
Top	15,8	57,6	23,9	2,3	0,1	0,3
Grau de Intuição+						
Baixo	5,4	40,9	38,9	14,5	0,3	–
Médio	10,4	45,7	40,2	2,9	–	0,9
Alto	20,7	64,3	14,7	0,1	–	0,2
País						
Áustria	6,3	50,7	39,0	4,0	–	–
França	10,4	35,6	49,4	3,9	–	0,6
Holanda	11,7	46,4	29,7	9,4	0,7	2,1
Suécia	8,5	49,7	34,3	6,5	0,5	0,5
Reino Unido	11,4	54,7	22,9	8,7	–	2,2
EUA	16,9	61,8	19,3	2,0	–	–
Japão	13,8	38,6	41,3	6,3	–	–
Brasil	3,5	47,6	42,0	5,4	0,9	0,5
Índia	7,9	52,3	36,1	2,6	–	1,0
Total	13,4	52,2	29,7	4,2	0,1	0,4
(% corrigida para NR)	(13,5)	(52,4)	(29,8)	(4,2)	(0,1)	–

*NR (= Não respondido) omitido de todas as categorias.
+ Relacionado com a avaliação objetiva apresentada na Tabela 5.3.

Auto-avaliação

A auto-avaliação dos administradores quanto à intuição numa escala de cinco pontos (variando de muito alta a muito baixa) deu origem à distribuição apresentada na Tabela 5.4.

Ver-se-á que, com base numa análise global, 65,9% (proporção corrigida), ou quase dois entre cada três administradores consideram-se acima da média (muito alto/alto) quanto à Intuição, mostrando que ela é vista como um atributo positivo pela população abrangida pelo Levantamento.

A proporção de mulheres que se colocaram nas categorias muito alta/alta, quanto à intuição, é significativamente maior do que a correspondente proporção nos grupos formados por administradores do sexo masculino. Isso está de acordo com as diferenças significativas observadas entre esses dois grupos em termos da avaliação objetiva, discutida anteriormente.

Parece que a Intuição é vista como um atributo positivo mais pelos administradores relativamente maduros (45 anos ou mais) do que pelos mais jovens. Isso também é indicado pelo fato de que a proporção dos administradores *top* que atribuíram a si mesmos conceitos de muito alto/alto relativamente à intuição, 73,4%, é significativamente maior do que a proporção correspondente de 62,1% para os administradores *senior* (corrigindo a proporção dos "Não respondidos" em ambos os casos).

Enquanto os Estados Unidos e o Reino Unido, que figuram no topo da lista quanto à avaliação objetiva (proporção dos administradores que tiveram *escores* elevados), mantêm sua posição também na auto-avaliação (proporção de administradores que atribuíram a si mesmos os conceitos muito alto/alto), o outro país desse grupo, o Japão, está entre os menos intuitivos em termos de auto-avaliação. Por outro lado, a Suécia, que se revelou o menos intuitivo com base na avaliação objetiva, situa-se no meio-termo no que tange à auto-avaliação.

Associação Entre as Avaliações

A associação entre os dois sistemas de avaliação pode ser testada estatisticamente pela montagem da tabela de contingência mostrada na Tabela 5.5.

Tabela 5.5 Avaliação objetiva vs. auto-avaliação

Classificação com base na avaliação objetiva	Auto-avaliação			Total (número)
	Média ou Baixa (número)	Alta (número)	Muito Alta (número)	
Baixa	185	145	20	350
Média	253	265	36	554
Alta	91	230	57	378
Total	529	640	113	1282

Trinta administradores, cujas classificações são indeterminadas em pelo menos uma das avaliações, foram omitidos da tabulação cruzada acima.

Pode ser visto que o X^2 (que terá 4 graus de liberdade) para a tabela de contingência acima corresponde a 79,67, que é significativo mesmo no nível de 1%, confirmando a associação positiva entre os dois sistemas de avaliação.

O coeficiente de contingência, C, corresponde a 0,24:

$$C = \sqrt{\frac{\chi^2}{\chi^2 + N}}$$

$$= \sqrt{\frac{79,67}{79,67 + 1282}}$$

$$= 0,24$$

Mesmo considerando-se que o valor máximo a que pode chegar C, para uma tabela de contingência 3 x 3 é de apenas 0,82 ($\sqrt{2/3}$), o valor observado para C deve ser considerado bastante baixo. Isso mostra que, embora haja uma associação positiva entre os dois sistemas da avaliação, ela é apenas moderada.

O Que É Intuição?

Descrições Dadas de Intuição

O questionário usado para o Levantamento (ver o Apêndice 6) começa com uma solicitação para que o respondedor descreva o que entende por Intuição, de modo a obter uma resposta não-influenciada pelas questões apresentadas em seguida. Isso nos proporcionou diversas descrições da Intuição, dentre as quais são mais importantes as que se seguem:

Descrição	%
Decisão/percepção sem recurso a métodos lógicos/racionais	23,4
Percepção inerente; compreensão inexplicável; sensação que vem de dentro	17,1
Integração de experiência anterior; processamento de informações acumuladas	16,8
Pressentimento	12,0
Decisão/solução de problema sem dados/fatos completos	8,6
Sexto sentido	7,4
Percepção/visão espontâneas	7,3
Introvisão	6,7
Processo subconsciente	6,1
Instinto	5,7

Assim, a percepção dominante é a de que Intuição é algo como uma antítese da Lógica/Raciocínio. Conforme será visto, a relação também inclui conceitos populares como "Pressentimento", "Sexto Sentido" e "Processo Subconsciente".

Expressão Gráfica

A porcentagem de administradores que expressaram graficamente seu conceito de Intuição é bastante elevada (77,6%). Elas são as seguintes para as diferentes categorias:

Categoria	%
Masculino	77,0
Feminino	81,0
Indústria	79,4
Serviços	76,5
Senior	77,3
Top	77,9
Avaliação objetiva baixa	74,8
Avaliação objetiva média	77,6
Avaliação objetiva alta	79,3
Áustria	69,6
França	77,3
Holanda	84,7
Suécia	44,7
Reino Unido	70,2
EUA	82,0
Japão	75,3
Brasil	84,3
Índia	71,5

Parece haver uma associação positiva entre orientação para a Intuição e propensão para expressar-se graficamente. Isso fica evidente tanto pelo ligeiro aumento na porcentagem de orientação para a intuição – de 74,8% no grupo de baixa intuição para 79,3% no grupo de alta intuição – como pelo fato de a proporção ser menor para a Suécia (44,7%), que também se mostrou o país menos intuitivo com base na avaliação objetiva discutida anteriormente.

Concordância com Descrições Específicas

O grau da concordância entre três descrições de Intuição (obtidas em três avaliações independentes e não como uma escolha entre três alternativas) pode ser vista na distribuição apresentada na Tabela 5.6.

Tabela 5.6 Grau da concordância com as três descrições específicas de Intuição

Categoria*	Grau da concordância com		
	a (%)	b (%)	c (%)
Sexo			
Masculino	79,9	75,4	49,0
Feminino	64,3	92,1	73,6
Tipo de Organização			
Indústria	80,8	73,3	50,5
Serviços	77,2	79,1	52,6
Nível de Administração			
Senior	81,4	81,0	49,7
Top	76,1	72,4	56,1
Grau de Intuição			
Baixo	76,7	67,1	45,7
Médio	74,0	75,5	45,3
Alto	83,5	84,8	61,0
País			
Áustria	63,6	87,1	38,6
França	62,6	75,4	48,5
Holanda	70,3	66,6	34,9
Suécia	84,7	44,7	24,6
Reino Unido	84,6	74,9	45,5
EUA	85,9	75,6	50,3
Japão	64,7	87,3	63,3
Brasil	79,3	72,1	56,4
Índia	79,3	80,6	52,3
Total	78,2	77,6	51,9

* NR (= Não respondido) omitido de todas as categorias.

(a) Introvisão espontânea baseada em experiência/conhecimento anterior.

(b) Vislumbre de "níveis subconscientes".

(c) Sintonia com "níveis superiores de consciência".

Consideradas em conjunto, a ordem de concordância com as três descrições é a seguinte:

$$(a) \text{ e } (b)^* > (c)$$

Isso é corroborado pelo padrão de respostas à questão aberta relativa ao conceito de Intuição do respondedor, examinado anteriormente. Pode-se observar que a descrição (c) obtém um maior grau de concordância junto aos indivíduos pertencentes ao grupo cujo grau de intuição é alto. Ademais, enquanto as descrições (a) e (b) têm mais ou menos o mesmo grau de aceitação nos grupos médio e alto, os administradores do grupo com menor grau de intuição parecem ter uma clara preferência pela descrição (a).

Percepção da Relevância da Intuição

Nas Atividades Empresariais/Administração

A maneira como é percebida a aplicabilidade da Intuição a diferentes áreas da administração e das atividades empresariais pode ser vista a partir das seguintes proporções relativas às diferentes áreas:

Área	%
1 Estratégia e planejamento empresarial	79,9
2 Investimento/Diversificação	59,7
3 Aquisições/associações entre empresas/fusões	55,3
4 Finanças	31,1
5 *Marketing*	76,8
6 Relações públicas	64,3
7 Escolha de tecnologia/instalações e equipamento	35,4
8 Produção/Operações	27,7
9 Administração de materiais	24,4
10 Desenvolvimento de recursos humanos	78,6
11 Pesquisa e desenvolvimento	71,6

* > Denota "preferido em lugar de" (a inferência sendo confirmada pelo significado estatístico da diferença nas proporções relevantes).

Pode-se ver que as seguintes áreas são consideradas mais importantes pela população em que se baseou o levantamento:

- estratégia e planejamento empresarial;
- *marketing*;
- relações públicas;
- desenvolvimento de recursos humanos (DRH);
- pesquisa e desenvolvimento (P e D).

Poder-se-ia esperar que uma área como aquisições de empresas/fusões/alianças figurasse entre as principais áreas em que a aplicação da intuição é considerada importante, porém ela pode ter sido incluída na parte de estratégia e planejamento empresarial.

Vemos que as áreas de recursos financeiros e de produção/operação são as duas principais áreas que estão entre as menos importantes em termos de relevância percebida.

Em Outros Campos

Quanto a outras áreas além de administração/atividades empresariais, as seguintes são consideradas mais importantes em termos de sua relevância para aplicação da Intuição:

Campo	%
Disciplinas específicas (engenharia, medicina, psicologia etc.)	18,8
Arte, teatro, cinema, literatura etc.	17,2
Esportes	16,8
Educação, ensino	15,1
Relações humanas/interpessoais	11,5
Amor, casamento	9,3
Relações familiares	8,3
Política, vida pública	8,0
Recreação, diversão etc.	5,2

Vemos que o estudo de disciplinas específicas é considerado mais importante no que diz respeito à relevância da aplicação da intuição, e que em quarto lugar vem a educação e o ensino. Enquanto o segundo e o terceiro lugares vão para as artes e para o esporte, que recebem boa atenção na maior parte dos países em que foi feito o Levantamento, as relações interpessoais e áreas afins (amor, casamento e relações familiares) figuram entre as outras respostas mais importantes.

Como se Pode Identificar a Intuição?

Meios Declarados de Identificação

A pergunta relativa ao modo como a Intuição poderia ser identificada deu origem a diversas respostas, das quais as seguintes são as mais importantes:

Resposta	%
Forte sentimento interior, emoção	16,4
Incapacidade para explicar a conclusão com base nos fatos disponíveis	14,0
Tomada de decisões pouco influenciadas pelo raciocínio lógico	13,1
Percepção/visão espontâneas	6,9

Assim, o aspecto emocional é visto como a característica mais importante para se identificar a Intuição.

Fenômenos Associados

O grau em que a experiência da Intuição vem acompanhada de diferentes fenômenos pode ser visto na Tabela 5.7.

Tabela 5.7 Fenômenos associados

Categoria*	(a)Sensorial (%)	(b)Físico (%)	(c)Mental (%)	(d)Emocional (%)
Sexo				
Masculino	30,1	26,7	58,7	59,4
Feminino	43,5	28,8	55,9	58,4
Tipo de Organização				
Indústria	30,0	24,7	57,8	62,3
Serviços	31,6	28,3	58,6	57,4
Nível de Administração				
Senior	34,0	25,8	60,4	63,2
Top	26,0	28,0	57,8	55,5
Grau de Intuição				
Baixo	23,9	23,3	60,8	59,4
Médio	27,9	28,4	52,6	53,9
Alto	40,6	26,2	61,5	62,5
País				
Áustria	25,8	30,2	46,0	68,0
França	20,0	12,4	45,6	65,0
Holanda	20,2	28,1	42,5	80,1
Suécia	10,3	10,9	18,1	43,9
Reino Unido	28,6	18,9	55,2	78,1
EUA	31,4	34,6	67,9	64,6
Japão	46,1	23,8	51,8	34,0
Brasil	23,0	17,2	41,0	54,1
Índia	26,6	23,1	62,8	60,2
Total	31,8	26,7	58,2	58,8

* NR (= Não respondido) omitido de todas as categorias.

Considera-se, portanto, que a experiência da Intuição vem acompanhada de mudanças nos aspectos mental e emocional. Isso está de acordo com o fato de que o aspecto emocional foi mencionado como a característica distintiva mais importante da Intuição, conforme foi examinado anteriormente.

Pode-se notar que os aspectos emocional e sensorial foram mencionados com freqüência significativamente maior pelos administradores *senior* do que pelos *top*.

Uso da Intuição

Na Vida Profissional

Apenas 7,5% dos administradores afirmaram que usam mais a Intuição do que a Lógica/Razão em sua vida profissional, contra 38,9% que usam mais a segunda do que a primeira. Os outros 53,6% usam a Intuição e a Lógica/Raciocínio mais ou menos na mesma medida (ver a Tabela 5.8).

Tabela 5.8 Grau do uso da Intuição na vida profissional

Categoria*	Mais a Lógica/ Raciocínio (%)	Ambos em quase igual proporção (%)	Mais a Intuição (%)
Sexo			
Masculino	40,6	52,3	7,1
Feminino	29,1	62,9	8,0
Tipo de Organização			
Indústria	38,2	55,5	6,3
Serviços	39,7	52,8	7,5
Nível de Administração			
Senior	42,0	51,8	6,1
Top	36,2	54,7	9,1
Grau de Intuição			
Baixo	55,7	41,5	2,8
Médio	45,7	51,4	2,8
Alto	24,1	61,2	14,7
País			
Áustria	46,0	49,3	4,8
França	32,7	61,9	5,4
Holanda	45,7	45,6	8,7
Suécia	44,6	46,5	8,9
Reino Unido	33,3	59,2	7,5
EUA	42,6	48,6	8,9
Japão	28,3	64,2	7,5
Brasil	53,5	42,1	4,4
Índia	44,0	51,4	4,6
Total	38,9	53,6	7,5

* NR (= Não respondido) omitido de todas as categorias.

Devemos notar que a proporção de administradores que usam mais a Intuição na vida profissional é de 14,7% no grupo de alto grau de intuição contra apenas 2,8% nos grupos médio e baixo. Observando de outro ângulo, a proporção de administradores que usam mais Lógica/Razão cai acentuadamente, de 55,7% no grupo baixo para 45,7% no grupo médio, e para 24,1% no grupo alto, indicando uma associação positiva entre orientação Intuitiva e seu uso na vida profissional.

Na Vida Pessoal

A proporção de administradores que afirmaram que usam mais a Intuição do que a Lógica/Raciocínio em sua vida pessoal é de 30,6%, contra 7,5% para o uso predominante da Intuição na vida profissional. Pode-se também perceber que há um declínio concomitante na proporção de administradores que usam mais a Lógica/Raciocínio do que a Intuição, caindo de 38,9%, no caso da vida profissional, para 16,2% no caso da vida pessoal. Esse padrão é óbvio, independentemente do modo como os administradores sejam classificados (ver a Tabela 5.9).

A proporção de administradores que usam mais a Intuição na vida pessoal aumenta de 19,4% no grupo baixo e 25,1% no grupo médio para um nível significativamente mais elevado de 42,4% no grupo alto. E, assim como no caso da vida profissional, há um correspondente declínio na proporção de administradores que usam mais a Lógica/Raciocínio, caindo de 26,0% no grupo de baixo grau de Intuição para 19,1% no grupo médio e para 8,6% no grupo alto. Isso mostra que há uma associação positiva entre orientação para a Intuição e seu uso na vida pessoal, tal como na vida profissional.

O uso da Intuição na vida pessoal parece ser mais pronunciado no caso do Reino Unido, em que a proporção dos administradores que usam mais a Intuição chega a 49,5%. Isso está em concordância com o fato de os administradores do Reino Unido estarem entre os mais intuitivos em relação aos administradores dos outros países onde foi feito o Levantamento. Todavia, a menor proporção, que é de 16,2%, para o Brasil, não está de acordo com a posição média ocupada por este país no *ranking* da orientação para a Intuição.

Tabela 5.9 Grau do uso da Intuição na vida pessoal

Categoria*	Mais a Lógica/Raciocínio (%)	Ambos em quase igual proporção (%)	Mais a Intuição (%)
Sexo			
Masculino	17,0	55,1	27,9
Feminino	11,7	39,7	48,6
Tipo de Organização			
Indústria	16,4	51,8	31,8
Serviços	17,1	54,5	28,4
Nível de Administração			
Senior	18,1	58,4	23,5
Top	15,5	45,9	38,6
Grau de Intuição			
Baixo	26,0	54,6	19,4
Médio	19,1	55,8	25,1
Alto	8,6	48,9	42,4
País			
Áustria	10,7	64,0	25,4
França	15,0	56,5	28,4
Holanda	15,3	47,0	37,6
Suécia	16,6	55,2	28,2
Reino Unido	14,4	36,1	49,5
EUA	19,7	55,8	24,5
Japão	3,9	57,6	38,5
Brasil	25,9	57,9	16,2
Índia	26,3	42,1	31,6
Total	16,2	53,1	30,6

* NR (= Não respondido) omitido de todas as categorias

Exemplos Concretos

A proporção de administradores que poderiam citar exemplos específicos em que realmente usaram a Intuição na vida profissional/pessoal é razoavelmente alta – 62,7%. Essa proporção chega a 75,9% para os administradores do sexo feminino, que é significativamente maior que a proporção correspondente de 61,4% para os administradores do sexo masculino. Considerando que, conforme se viu, as administradoras são de fato mais intuitivas do que seus colegas do sexo masculino, isso indica uma associação positiva entre a orientação para a Intuição e a extensão comprovada de seu uso prático.

Essa proporção é de 76,3% nos EUA, cujos administradores estão entre os mais intuitivos com relação aos dos outros países abrangidos pelo Levantamento. Todavia, essa associação inferida é prejudicada pelo fato de a proporção para o Japão, que também está no topo da lista em termos de orientação para a Intuição, ser a mais baixa, com 31,9%.

Opiniões Sobre Certos Conceitos

Os respondedores foram solicitados a indicar em que medida concordavam ou discordavam de cada uma de dez afirmações a eles apresentadas, e as respostas eram obtidas numa escala de cinco pontos, variando desde "Forte concordância" a "Forte discordância". Com base nessas respostas, foi elaborado um indicador variando de 0 a 100 mediante a atribuição de valores às diferentes respostas:

Forte concordância	100
Concordância	75
Não sei dizer	50
Discordância	25
Forte discordância	0

Mediante a escolha de fatores ponderáveis adequados, pode-se fazer um índice para uma determinada categoria, bem como para o conjunto.

Os índices totais calculados para as diferentes afirmações são os seguintes:

Afirmação	Índice
1 Muitos administradores *senior* usam a Intuição ao tomar decisões, ao menos em certo grau.	79,0
2 Capacidades intuitivas superiores contribuíram para um maior sucesso nos negócios.	77,9
3 A Intuição contribui para relacionamentos harmoniosos entre as pessoas.	71,0
4 A Intuição é uma característica mais associada às mulheres do que aos homens.	53,0
5 Poucos administradores que usam a Intuição admitiram isso publicamente.	52,0
6 Quanto mais intuitiva for a pessoa, mais bem-sucedida ela será na vida.	58,1
7 A Intuição não pode ser bloqueada.	49,2
8 A Intuição tem um papel a desempenhar em quase todos os aspectos da vida.	79,4
9 A Intuição pode ser cultivada/estimulada.	59,2
10 Não é seguro recorrer à Intuição nas atividades empresariais/administração.	40,3

Portanto, há um bom grau de concordância* quanto aos seguintes aspectos:

- muitos administradores usam a Intuição (1);
- a Intuição contribui para o sucesso nos negócios (2);
- a Intuição contribui para relacionamentos harmoniosos entre as pessoas (3);
- a Intuição tem um papel a desempenhar em quase todos os aspectos da vida (8).

* Foi estabelecido que valores maiores ou iguais a 65 definem uma "boa" concordância.

Devemos observar que a sugestão de que a Intuição contribui para o sucesso na vida (6) não tem o mesmo grau de aceitação que a proposição mais restritiva de que a Intuição contribui para o sucesso nos negócios (2). Assim, embora os administradores pareçam acreditar que a Intuição é mais relevante para a vida profissional, conforme foi examinado na seção anterior, as afirmações dos administradores indicam que eles usam a Intuição em maior extensão em sua vida pessoal do que na vida profissional. Essa aparente contradição provavelmente está relacionada com o modo como as proposições foram formuladas: a afirmação 6 foi obviamente redigida de forma mais incisiva do que a afirmação 2.

Maneiras de Ver Determinados Aspectos

O modo como eram vistos determinados aspectos da Intuição foi verificado mediante a avaliação da concordância com as seguintes proposições; os dados mostram a proporção dos administradores que concordaram com cada proposição:

Proposição	%
Dependência da Intuição relativamente ao ambiente exterior	34,0
Possibilidade de induzir a Intuição em outras pessoas	30,4
Possibilidade de a Intuição ser um processo de grupo	37,7
Possibilidade de aumentar a Intuição através de exercícios/ treinamentos específicos	56,1

Vemos que a proporção de concordância com a possível eficácia de treinamentos para aumentar a Intuição é razoavelmente elevada (56,6%).

São as seguintes as porcentagens de administradores que consideram desejável que a Intuição seja incluída no currículo escolar, em diferentes níveis:

Nível	%
Escola primária	38,5
Escola secundária	42,9
Faculdade/Universidade	53,6
Instituto de Administração	64,9

Desse modo, a porcentagem de administradores que apóiam a inclusão da Intuição no currículo escolar aumenta progressivamente com o grau das instituições, chegando a 64,9% nos estudos no nível de instituto de administração.

Interesse em Participação Adicional

As porcentagens de administradores que manifestaram a disposição de participar de pesquisas adicionais, através de diferentes meios, foram as seguintes:

Meios	%
Entrevistas pessoais	44,3
Workshops experimentais	38,4
Seminários/Conferências	43,5

Como a participação nesse tipo de pesquisa implica um tempo considerável, pode-se considerar que as proporções acima indicam um bom grau de interesse entre os administradores que constituem a população abrangida pelo Levantamento.

6

Relatório Comparativo: Levantamento Internacional Sobre Intuição

Perfil da População Avaliada

Um quadro comparativo dos perfis de administradores dos diferentes países abrangidos pelo Levantamento é apresentado na Tabela 6.1, e a partir dele pode-se perceber o seguinte:

Sexo	A proporção de administradoras vai de 2,9%, no Brasil, a 16,1%, nos Estados Unidos, com o valor médio 7,5% correspondendo à Suécia.
Idade	Na França, Holanda, Brasil e Índia, a maioria tem menos de 45 anos de idade. Na Áustria, Suécia, Reino Unido, Estados Unidos e Japão, a maioria tem 45 anos ou mais.
Tipo de Organização	A proporção de administradores no setor de serviços varia de 51,2%, na Áustria, a 64,9%, nos Estados Unidos, com o valor médio de 58,1% correspondendo à França.
Nível de Administração	A classificação dos administradores, em *senior* e *top* não está *disponível* na Suécia. Entre os outros oito países, a proporção de administradores de nível *top* varia de 25,1%, na Holanda, a 61,2%, no Reino Unido (que parece um tanto desequilibrada), com 32,4% como valor médio.

Tabela 6.1 Perfis dos administradores

Categoria	Áustria (%)	França (%)	Holanda (%)	Suécia (%)	Reino Unido (%)	EUA (%)	Japão (%)	Brasil (%)	Índia (%)	Total (%)
Sexo										
Masculino	93,0	88,6	92,8	92,5	92,0	83,9	87,9	97,1	95,0	87,9
Feminino	7,0	11,4	7,2	7,5	8,0	16,1	12,1	2,9	5,0	12,1
Idade										
Abaixo de 35	5,2	13,0	11,8	6,2	4,0	5,2	7,5	11,7	18,2	7,7
35-44	29,7	46,6	42,8	38,8	31,4	30,5	36,8	47,8	37,9	35,0
45-59	62,8	33,6	45,4	49,6	58,9	52,2	51,9	35,6	37,5	49,3
Mais de 59	2,3	6,8	–	5,4	5,7	12,1	3,8	4,9	6,4	8,0
Tipo de Organização										
Indústria	48,8	41,9	36,9	38,0	42,6	35,1	41,6	45,1	46,9	39,4
Serviços	51,2	58,1	63,1	62,0	57,4	64,9	58,4	54,9	53,1	60,6
Nível de administração										
Senior	74,0	70,9	74,9	ND	38,8	64,5	65,8	69,5	60,8	62,8
Top	26,0	29,1	25,1	ND	61,2	35,5	34,2	30,5	39,2	37,2
Total	100,0	100,0	100,0	100,0	100,0	100,0	100,0	100,0	100,0	100,0

ND = Não disponível.
Proporções ajustadas para NR (Não respondido) quando necessário.

Grau de Intuição

Avaliação objetiva

A proporção de administradores que obtiveram alta classificação num teste objetivo realizado durante o Levantamento (uma classificação tripla em grupos de baixa, média e alta intuição: ver Apêndice 6) varia de 18,8%, na Suécia, a 45,8%, no Japão:

País	%*
Japão	45,8
EUA	43,0
Reino Unido	41,5
Áustria	37,1
Brasil	33,5
Holanda	30,1
Índia	29,0
França	27,6
Suécia	18,8

* Proporções corrigidas para NR (= Não respondido) quando necessário.

Com base na análise apresentada acima, os administradores dos países abrangidos pelo Levantamento podem ser classificados da seguinte forma:

Mais Intuitivos	Japão, EUA e Reino Unido
Medianos	Áustria, Brasil, Holanda, Índia e França
Menos Intuitivos	Suécia

Embora nem todas as diferenças de proporção sejam estatisticamente significativas, não há dúvida de que os administradores da Suécia são os menos intuitivos com base no padrão comparativo apresentado acima.

Auto-avaliação

A proporção (corrigida para "Não respondedores") de administradores que atribuem a si mesmos um conceito alto/muito alto quanto à Intuição (numa escala de cinco pontos que vai de "muito alta" a "muito baixa") varia de 46,3%, na França, a 78,7%, nos EUA:

País	%
EUA	78,7
Reino Unido	67,6
Índia	60,8
Holanda	59,4
Suécia	58,4
Áustria	57,0
Japão	52,4
Brasil	51,4
França	46,3

Administradores dos Estados Unidos e do Reino Unido, que figuram no topo da lista acima, também obtiveram boa pontuação na avaliação objetiva. Todavia, administradores do Japão, que estão no alto da lista da avaliação objetiva, colocaram-se entre os menos intuitivos com base na auto-avaliação. Da mesma maneira, administradores da Suécia, que ficaram em último lugar na avaliação objetiva, figuram no meio da lista na auto-avaliação. Assim, a associação entre as duas avaliações não parece ser tão forte.

Associação entre as Avaliações

O coeficiente de contingência entre os dois sistemas de avaliação varia de 0,17, para a Suécia, a 0,44, para o Reino Unido:

País	Coeficiente de contingência
Reino Unido	0,44
França	0,41
Estados Unidos	0,37
Áustria	0,29
Holanda	0,27
Japão	0,26
Brasil	0,21
Suécia	0,17
Índia	(Não calculado porque x^2 se revelou não-significativo.)

As observações feitas anteriormente sobre o Japão e a Suécia resultam do baixo valor do seu coeficiente de contingência, apresentado acima. Parece haver pouca ou nenhuma associação entre os dois sistemas de avaliação no caso da Índia, onde verificou-se que o próprio x^2 não era significativo.

O Que É Intuição?

Descrições Dadas de Intuição

Quanto aos conceitos que os administradores fazem de Intuição, e tomando as três principais respostas de cada país, surge um conjunto de oito descrições (ver a Tabela 6.2).

Tabela 6.2 *Ranking* das descrições dadas para a Intuição

Descrição	Áustria	França	Holanda	Suécia	Reino Unido	USA	Japão	Brasil	Índia	Total
Decisão/percepção sem recurso a métodos lógicos/racionais	3	1	2	5	1	1	3	1	1	1
Percepção inerente; compreensão inexplicável; sensação que vem de dentro	4	4	1	1	$3^{1/2}$	2		3	7	2
Integração de experiência anterior; processamento de informações acumuladas	7	5	3	2	2	4	1	4	2	3
Pressentimento					$3^{1/2}$	3			3	4
Percepção/visão espontâneas	2	2	4	6	$7^{1/2}$		6	5	4	7
Voz interior (poderosa); impulso	1				9		8		9	
Presciência; clarividência	5	3		3			2			
Centelha; vislumbre	6						2		10	

Um espaço em branco indica que a descrição não figura entre as respostas de um dado país ou que a correspondente porcentagem é menor que 5%. Frações indicam colocações empatadas.

Expressão Gráfica

A proporção de administradores que deram expressão gráfica a seus conceitos de Intuição varia de 44,7%, no caso da Suécia, a 84,7%, no caso da Holanda:

País	%
Holanda	84,7
Brasil	84,3
EUA	82,0
França	77,3
Japão	75,3
Índia	71,5
Reino Unido	70,2
Áustria	69,6
Suécia	44,7

A proporção particularmente baixa para a Suécia, que foi considerado o menos intuitivo entre os países abrangidos pelo Levantamento, com base na avaliação objetiva, sugere uma associação positiva entre a orientação para a Intuição e a propensão para o indivíduo expressar-se graficamente acerca da Intuição.

Concordância com Descrições Específicas

O grau de concordância com as três descrições de Intuição apresentadas mostra que um ordenado claro dessas descrições pode ser obtido apenas para quatro dos nove países que participaram do Levantamento, conforme se vê abaixo.

(a) > (b) > (c)	Suécia e Estados Unidos
(b) > (a) > (c)	Áustria e França
(a) e (b) > (c)	Holanda, Reino Unido, Brasil e Índia
(b) > (a) e (c)	Japão

> Indica "tem maior preferência que" (sendo essa inferência apoiada pela significância estatística da diferença observada nas proporções relevantes).

(a) Introvisão espontânea baseada em experiência/conhecimento anterior.

(b) Vislumbre dos "níveis subconscientes".

(c) Sintonia com "níveis superiores da consciência".

Vemos que a descrição (c) fica em último lugar em toda parte (embora, no Japão, esteja de fato empatada com a descrição (a)).

Percepção da Relevância da Intuição

Nas Atividades Empresariais/Administração

As principais áreas das atividades empresariais/administração consideradas relevantes para a aplicação da Intuição por administradores dos diferentes países que participaram do Levantamento são mostradas na Tabela 6.3.

Tabela 6.3 As principais áreas de percepção de relevância no campo das atividades empresariais/administração

País	C	I	A	M	P	H	R
Áustria	x	–	–	x	x	x	x
França	x	–	–	x	–	x	x
Holanda	x	–	–	x	x	x	x
Suécia	x	–	x	x	–	x	–
Reino Unido	x	–	–	x	x	x	x
Estados Unidos	x	–	–	x	–	x	x
Japão	x	x	–	x	–	x	x
Brasil	x	x	–	x	–	x	x
Índia	x	x	–	x	–	x	x

x = Área que está incluída na relação das principais áreas de percepção da relevância da Intuição num dado país.

C = *Corporate strategy and planning.* [Estratégia e planejamento empresarial.]

I = *Investment/Diversification.* [Investimento/Diversificação.]

A = *Corporate acquisitions/mergers/alliances.* [Aquisições/fusões/associações entre empresas.]

M = *Marketing.*

P = *Public relations.* [Relações públicas.]

H = *Human resources development (HRD).* [Desenvolvimento de recursos humanos.]

R = *Research and development (R e D).* [Pesquisa e desenvolvimento.]

Vemos que a estratégia e o planejamento empresarial, *marketing* e HRD [desenvolvimento de recursos humanos] são as três áreas funcionais que figuram na lista das principais áreas para cada um dos países que participaram do Levantamento. R & D [pesquisa e desenvolvimento] é uma área principal em todos os países, com exceção da Suécia. A Suécia é também o único país em que as aquisições/fusões/associações entre empresas surgem com uma das principais áreas de percepção da relevância da Intuição. A área de investimento/diversificação foi mencionada como uma das principais áreas no caso do Japão, Brasil e Índia, enquanto a área de relações públicas figura na lista para a Áustria, Holanda e Reino Unido.

Em Outros Campos

Considerando as três principais respostas para cada um dos países, obtivemos uma relação de oito campos situados fora do domínio atividades empresariais/administração e vistos como relevantes para a aplicação da Intuição (ver a Tabela 6.4).

Tabela 6.4 *Ranking* das principais áreas de percepção de relevância em outros campos

Campo	Áustria	França	Holanda	Suécia	Reino Unido	USA	Japão	Brasil	Índia	Total
Disciplinas específicas (engenharia, medicina, psicologia etc.)	4	12	1	4	1	2	5	2	10	1
Artes, teatro, cinema, música, literatura	1	$5^{1/2}$			2	3	2	8	4	2
Esportes	3	1	5	2	3	4	1	3	9	3
Educação, ensino	5		7		9	1		5	11	4
Relações humanas/ interpessoais	8	$2^{1/2}$	3	1	4	$12^{1/2}$	3	4	1	5
Amor, casamento	7	7	4	5	7	$10^{1/2}$	4		3	6
Relações familiares	9	4	6		$5^{1/2}$	6		1	5	7
Política, vida pública	2	10	2	3	$5^{1/2}$	$7^{1/2}$		6	2	8
Recreação, diversão etc.	6	9				8			8	9

Frações indicam posições empatadas.

Como se Pode Identificar a Intuição?

Meios Declarados de Identificação

A articulação entre os meios de identificar a Intuição foi um tanto baixa. Houve apenas quatro respostas principais (ver a Tabela 6.5).

Tabela 6.5 *Ranking* dos meios citados de identificação da Intuição

Meios	Áustria	França	Holanda	Suécia	Reino Unido	USA	Japão	Brasil	Índia	Total
Forte sentimento interior, emoção	3	2	3	2	1	1	3	3	2	1
Incapacidade para explicar a conclusão com base nos fatos disponíveis	2	3	1	1	3	2	5		3	2
Tomada de decisões pouco influenciadas pelo raciocínio lógico	1	1	2	3	2	3	1	1	1	3
Percepção/visão espontâneas	4	4			4	4	2	2	4	4

Um espaço em branco indica que o respectivo meio não figura entre as respostas de um determinado país ou que a proporção correspondente é menor do que 5%.

Vemos que, embora a tomada de decisões de forma independente do raciocínio lógico fique em primeiro lugar em cinco dos nove países pesquisados, numa análise global a primeira posição fica com o item *forte sentimento interior, emoção*, que obteve o primeiro lugar no Reino Unido e nos Estados Unidos, pois esses dois países têm um peso maior no cálculo da média global.

Fenômenos Associados

As respostas à pergunta sobre os diferentes fenômenos que acompanham a experiência da Intuição mostram que os dois primeiros lugares são divididos pelos aspectos mentais e emocionais, e os dois últimos pelos aspectos sensoriais e físicos, a não ser pelo fato de que, no Japão, o segundo lugar vai para os aspectos sensoriais e o terceiro para os aspectos emocionais (ver a Tabela 6.6).

Tabela 6.6 *Ranking* dos fenômenos associados

Aspecto	Áustria	França	Holanda	Suécia	Reino Unido	USA	Japão	Brasil	Índia	Total
Emocional	1	1	1	1	1	2	3	1	2	1
Mental	2	2	2	2	2	1	1	2	1	2
Sensorial	4	3	4	4	3	4	2	3	3	3
Físico	3	4	3	3	4	3	4	4	4	4

Uso da Intuição

Na Vida Profissional

Em cinco dos nove países avaliados, a maioria dos administradores indicaram especificamente se usam mais a Lógica/Raciocínio ou a Intuição em sua vida profissional:

Indicação específica	Áustria, Holanda, Suécia, EUA e Brasil
Usam ambos em igual medida	França, Reino Unido, Japão e Índia

A proporção de administradores que usam mais a Intuição em sua vida profissional vai de 4,4% no caso do Brasil, a 8,9%, no caso da Suécia e dos Estados Unidos, com o valor médio de 7,5% correspondendo ao Reino Unido e ao Japão:

País	*%*
Suécia	8,9
EUA	8,9
Holanda	8,7
Reino Unido	7,5
Japão	7,5
França	5,4
Áustria	4,8
Índia	4,6
Brasil	4,4

Na Vida Pessoal

Apenas em três dos nove países pesquisados a maioria dos administradores deu uma indicação específica quanto ao maior uso da Lógica/Raciocínio ou da Razão em sua vida pessoal:

Indicação específica	Holanda, Reino Unido e Índia
Usam ambos em igual medida	Áustria, França, Suécia, EUA, Japão e Brasil

A proporção de administradores que usam mais a Intuição em sua vida pessoal vai de 16,2%, no caso do Brasil, a 49,5%, no caso do Reino Unido, com o valor médio de 28,4% correspondendo à França:

País	*%*
Reino Unido	49,5
Japão	38,5
Holanda	37,6
Índia	31,6
França	28,4
Suécia	28,2
Áustria	25,4
EUA	24,5
Brasil	16,2

Exemplos Concretos

A proporção de administradores que conseguiram citar exemplos concretos do uso da Intuição em sua vida profissional/pessoal vai de 31,9%, no caso do Japão, a 76,3%, no caso dos Estados Unidos, com o valor médio de 63,9% correspondendo à Índia.

País	%
EUA	76,3
Holanda	71,6
Áustria	71,4
Reino Unido	65,7
Índia	63,9
Brasil	61,6
França	60,8
Suécia	51,8
Japão	31,9

Opiniões Sobre Certos Conceitos

Dentre as dez afirmações que eliciaram opiniões na forma de concordância/discordância, e cujas respostas foram convertidas num índice composto com variação de 0 a 100, há um bom grau de concordância* em todos os países quanto às três proposições seguintes:

- muitos administradores *senior* usam a Intuição ao tomar decisões, ao menos em certo grau;
- Capacidades Intuitivas contribuíram para um maior sucesso nos negócios;
- a Intuição tem um papel a desempenhar em quase todos os aspectos da vida.

Uma outra proposição, que tem um bom índice de concordância em todos os países, exceto Áustria e Japão, é:

- a Intuição contribui para relacionamentos harmoniosos entre as pessoas.

* Estabeleceu-se que um índice com valor igual ou maior que 65 indica um "bom" grau de concordância.

Outras afirmações que tiveram um bom grau de aceitação em determinados países formam as seguintes:

- a Intuição não pode ser bloqueada   Índia
- a Intuição pode ser cultivada/estimulada   Reino Unido e EUA
- Não é seguro recorrer à Intuição nas atividades Suécia empresariais/administrativas

Maneiras de Ver Determinados Aspectos

Quanto ao grau da concordância com algumas outras proposições, são os seguintes a faixa de variação e os valores médios nos diferentes casos:

Dependência da Intuição relativamente ao ambiente exterior	Variação:	21,1% (Japão) a 49,8% (França)
	Média:	38,3% (Áustria)
Possibilidade de induzir a Intuição em outras pessoas	Variação:	21,1% (Índia) a 42,3% (Áustria e Reino Unido)
	Média:	31,4% (França e EUA)
Possibilidade de a Intuição ser um processo de grupo	Variação:	24,4% (Índia e Japão) a 49,8% (EUA)
	Média:	27,0% (Brasil)
Possibilidade de aumentar a Intuição através de exercícios/ treinamentos específicos	Variação:	31,5% (Suécia) a 63,6% (EUA)
	Média:	49,1% (Brasil)

Faixas de variação e médias correspondentes às proporções de administradores que acham que a Intuição deveria ser incluída no currículo em diferentes níveis de ensino:

Escola primária	Variação:	11,5% (Suécia) a 46,7% (Japão)
	Média:	29,8% (Reino Unido)

Escola secundária	Variação:	25,2% (Suécia) a 54,9% (EUA)
	Média:	30,6% (Áustria)
Faculdade/Universidade	Variação:	30,1% (Japão) a 67,3% (EUA)
	Média:	49,0% (Índia)
Instituto de Administração	Variação:	36,5% (França) a 80,9% (EUA)
	Média:	64,1% (Índia)

Interesse em Participação Adicional

As estatísticas relacionadas às proporções de administradores que se manifestaram dispostos a uma participação adicional nessa pesquisa, por diferentes meios, são as seguintes:

Entrevistas pessoais	Variação:	20,5% (Japão) a 69,4% (Índia)
	Média:	48,8%
Workshops experimentais	Variação:	28,3% (Japão) a 60,2% (Índia)
	Média:	35,5%
Seminários/Conferências	Variação:	30,9% (Áustria) a 69,9% (Brasil)
	Média:	36,9%

Como essas respostas não puderam ser obtidas para a Suécia, os dados estatísticos acima dizem respeito apenas a oito países e a média não corresponde a nenhum país.

Conclusão

Este capítulo e o capítulo precedente resumem os resultados do Levantamento Internacional sobre Intuição nos níveis global e comparativo.

Uma descoberta fundamental é a de que se considera que a Intuição desempenha um papel importante na vida profissional dos administradores que responderam ao questionário, sendo que 53,4% usam tanto a Intuição como a Lógica/Raciocínio em proporções quase iguais e que 7,5% afirmam usar mais a Intuição. Ademais, quase 80% acreditam que a Intuição tem importância para a estratégia e o planejamento empresarial – a porcentagem mais elevada atribuída a quaisquer das áreas funcionais.

Os dois últimos capítulos concentram-se na visão e no visionamento no ambiente empresarial e mostram como a Intuição pode ser operacionalizada no processo de formulação e implementação da estratégia da empresa.

7

Aplicação da Intuição:
Visão e Visionamento

Para ter sucesso nos negócios, um homem precisa ter imaginação. Ele deve ter uma visão da coisa como um todo.

Charles M. Schwab (1862-1939)
magnata americano do aço
primeiro presidente da US Steel Corporation

Há uma ou duas décadas, um novo conceito vem sendo exposto na literatura referente a planejamento estratégico, o conceito de visão empresarial. O fervor e a intensidade da discussão pública criam a impressão de que, pelo menos em algumas partes, a visão corporativa é vista como a palavra mágica que, infalivelmente, abre a porta que dá para os prazeres ocultos do sucesso empresarial, uma espécie de "Abre-te Sésamo!" moderno transplantado para a arena empresarial. Sua popularidade parece ter origem, ao menos parcialmente, na expectativa de que ele responda melhor às necessidades de planejamento de nossa época do que às abordagens tradicionais de planejamento estratégico. A visão empresarial promete proporcionar meios através dos quais possamos revitalizar, com audácia e vigor, as nossas empresas já maduras.

Conquanto acreditemos que algumas das esperanças depositadas no conceito possam ser exageradas, estamos também convencidos de que o conceito de visão e o processo de visionamento encerram uma promessa substancial. Não se trata apenas do proverbial vinho novo em garrafa antiga. A maior parte da atual discussão, no entanto, tem dois defeitos principais. Primeiramente, a maioria dos debatedores não percebe que uma visão dificilmente pode ser criada apenas com a ajuda do modo de pensar analítico (a abordagem cartesiana), que dominou os nossos procedimentos de planejamento estratégico durante as últimas três décadas. Segundo, mesmo os seguidores do conceito de visão que percebem que outras abordagens de natureza não-racional (intuitiva, por exemplo) têm um papel importante na criação de uma visão freqüentemente não compreendem o fenômeno da intuição com uma profundidade suficiente para tornar operacional o seu uso dentro de uma empresa.

Definição do Que É Visão

No momento, uma visão empresarial é amplamente vista como uma imagem de um estágio desejável no futuro de uma organização.[1] "Quando um administrador ou toda uma organização têm uma imagem razoavelmente clara de um futuro desejável, isso é uma visão", sugere Hal Leavitt. Ele considera que os administradores visionários são desbravadores e escreve: "O futuro que interessa aos desbravadores é imaginado e não previsto."[2] Em termos muito práticos, uma visão é uma resposta para a pergunta: "O que desejamos criar?"[3] Os exemplos seguintes podem contribuir para ilustrar o significado de uma visão.

Em 1928, aos 27 anos de idade, William Paley assumiu o controle da CBS. Nessa época, a companhia não tinha emissoras de rádio próprias, não figurava entre as maiores do ramo (que era dominado pela NBC) e, na verdade, estava tendo prejuízos. No período de 10 anos, Paley montara uma rede de 114 emissoras e a companhia estava tendo lucros de 28 milhões de dólares por ano. Quatro décadas depois – com Paley ainda à testa da CBS – a empresa era a primeira da indústria radiofônica.[4] David Halberstam nos dá uma boa descrição do papel desempenhado pela visão nesse fenomenal sucesso:

O que ele [Paley] tinha desde o início era uma visão, uma percepção daquilo que poderia ser. Era como se ele, em Nova York, sentado no pequeno escritório de uma empresa quase falida, pudesse ver não apenas a sua escrivaninha e uma série de anunciantes em potencial, ao longo da Avenida Madison, mas milhões de americanos do interior, muitos deles em casas ainda sem eletricidade. Pessoas solitárias para as quais o rádio era praticamente a única forma de diversão. O que o tornou diferente foi a sua percepção, sua confiança de que poderia chegar até elas e de que tinha algo para lhes oferecer. Ele pôde ver uma audiência onde, de fato, não havia audiência alguma. Ele não apenas teve uma visão como também soube aproveitá-la.[5]

Em 1963, Martin Luther King, o fundador e líder da *Southern Christian Leadership Conference* (que se tornou um movimento de massa pregando a não-violência ativa para libertar as minorias oprimidas dos Estados Unidos), liderou a histórica marcha para Washington, que culminou com o seu discurso "Eu tenho um sonho...", proferido no Mall diante de uma audiência inter-racial estimada em 200 mil pessoas. Em seu discurso, ele descreveu, com belas palavras, um país em que valeria a pena viver (e, em seu caso, pelo qual valeria até mesmo morrer). Esse memorável discurso, que indubitavelmente entrou para a história com um dos maiores do século XX, ainda hoje nos comove profundamente.

Em outro caso, extraído do mundo das atividades empresariais, Theodore Vail, presidente da AT&T, teve uma visão de um serviço universal de telefonia nos Estados Unidos. Ele demorou 50 anos para realizar o seu sonho, mas, em conseqüência disso, há nos Estados Unidos pelo menos um telefone em cada casa.[6]

Ao ser indagado sobre o papel que a visão desempenhou em sua vida profissional, o executivo Jan Carlzon, presidente de SAS (que há alguns anos revolucionou a empresa), respondeu que cabia a ele ter uma visão, ser capaz de enxergar o quadro geral, ver a floresta apesar das muitas árvores. Ele se sente igualmente responsável por comunicar isso: "nessa fase... sou um pregador". Carlzon não acha que seu trabalho consista em administrar o dia-a-dia de uma empresa aérea. Ele considera que sua tarefa seja a de preparar uma situação que possa favorecer os negócios da empresa. Nesse sentido, "trabalho muito com visões", afirma ele.[7]

Steve Jobs, que anteriormente fundara a Apple Computer Company, descreve da seguinte maneira, a seu *staff*, a visão de seu novo computador NeXT:

> Queríamos fundar uma empresa que tivesse muito a ver com educação e, em particular, com educação superior, faculdades e universidades. Assim, nossa visão é a de que uma revolução do *software* está agora ocorrendo em faculdades e em cada *campus* universitário. E isso estava relacionado ao fornecimento de dois tipos revolucionários de *software*. Um desses é constituído pelos chamados ambientes simulados de aprendizado. Você não pode dar a um estudante de biologia um laboratório de DNA recombinante ao custo de 5 milhões de dólares; mas você pode simular essas coisas, pode fazer isso num computador poderoso. Os alunos não podem comprar essas máquinas, nem tampouco a maioria dos professores universitários. Assim, se considerarmos aquilo que melhor sabemos fazer, que é descobrir uma tecnologia realmente boa e colocá-la no mercado a um preço que as pessoas possam pagar, e se pudermos fazer o mesmo para esse tipo de computador, que poderá ser dez vezes mais poderoso do que um computador pessoal, então acho que poderemos exercer uma influência significativa sobre a maneira como as experiências de aprendizado vão ocorrer ao longo dos próximos cinco anos. E é isso o que estamos tentando fazer... um de meus maiores desejos é o de que possamos construir o NeXT. Eu também ficaria feliz se as pessoas que estão pensando em trabalhar para nós, ou comprar os nossos produtos, ou que querem nos vender algo, sentissem que estamos fazendo isso com paixão. Fazemos isso porque realmente nos importamos com a educação superior e não por dinheiro.[8]

Características de uma Boa Visão

Quais são algumas das características que essas visões têm em comum?

As boas visões são *inspiradoras* – elas são estimulantes. Pedir ano após ano que empregados, mesmo gerentes, consigam um "aumento de 10%" (em lucros ou vendas, por exemplo), raramente ainda motiva as pessoas; elas já passaram por isso muitas vezes. As visões, por outro lado, criam a centelha de excitação que tira a organização da rotina.

Ao contrário da abordagem incremental do planejamento ("x % ao ano vai nos fazer chegar lá no ano y"), o que todas essas visões têm em comum é que representam uma descontinuidade, *um salto para a frente*. Tomando um exemplo da esfera empresarial: os autores de uma visão empresarial descrevem o que eles querem que a companhia seja – e não se torne – em, digamos, cinco anos e, então, olham para trás e se perguntam o que a sua organização teria de fazer hoje para chegar ao desejado estado futuro no devido tempo. Isso significa que essas companhias não trabalham rumo a uma visão mas, isto sim, a partir de uma visão.

As boas visões *alinham* as pessoas de uma organização. Ao criar uma identidade comum e um senso de propósito compartilhado por todos, uma visão provê o primeiro passo para tornar possível que trabalhem juntas pessoas que, antes, não teriam confiado umas nas outras. Esse alinhamento de forças libera energias que, até então, poderiam ter sido consumidas por fricções e lutas intestinas.

As boas visões são *competitivas, originais e únicas*. "Visões poderosas são declarações de intenção que criam na empresa toda uma obsessão pela vitória."[9] Concentrando a atenção numa desejada posição de liderança e buscando continuamente novas maneiras de obter vantagens competitivas, os atos e aspirações significam mais do que simplesmente o esforço para acompanhar os competidores e dominar os melhores métodos de trabalho.

Ao mesmo tempo, as boas visões *fazem sentido no mercado*; isto é, elas não são utópicas no sentido negativo do termo. Infelizmente, muitas vezes é difícil identificar esse sentido econômico com fatos objetivos e desde o início. Esse ponto freqüentemente é fonte de atrito entre os administradores analíticos tradicionais (cartesianos) e os empreendedores visionários. Os administradores analíticos insistem em dados; para eles, proposições que não podem ser substanciadas com fatos são idéias mal acabadas. Todavia, como os visionários em geral penetram em terreno desconhecido, eles não dispõem de fatos e dados para provar que as suas idéias vão valer a pena. Um bom exemplo é o caso de Steve Jobs e da fundação da Apple. Quando ele tentou convencer várias das grandes empresas de computação a comprar sua idéia – colocar o poder dos computadores nas mãos de uma grande parcela da população – as firmas estabelecidas, citando suas próprias pesquisas de mercados (fatos e números!) disseram-lhe que, no seu modo de ver, não havia mercado para se poder falar em computadores pessoais. Isso traz à baila uma grande

144

característica de uma visão e do visionamento: a marca do verdadeiro visionário é que ele interpreta o ambiente de uma forma distinta da interpretação da "manada" e, em conseqüência, produz idéias empresariais singulares.

Estar imerso numa visão também estimula a *disposição para correr riscos e a experimentação*. A existência e o amplo entendimento de uma visão instila um senso de direção numa organização. Tal guarda-chuva proporciona regras de inclusão e de exclusão até mesmo aos membros de organizações complexas e, ao fazê-lo, permite que eles corram riscos, desenvolvam iniciativas e tomem decisões próprias. Como exemplo, vemme à mente Stamford Raffles, o fundador de Cingapura. Raffles era funcionário da Companhia Britânica das Índias Ocidentais estacionado no Extremo Oriente, o que significava estar tão longe do quartel-general, em Londres (ou de seu superior imediato, na Índia) que qualquer comunicação levaria meses. Em certo momento – e agindo de surpresa – Raffles criou um povoamento na ponta da península malaia, bem ao lado do estreito de Málaga e no local da antiga cidade de Sinhapura. Ela estava no meio do território que os holandeses consideravam parte de sua esfera de interesse. O povoamento, que posteriormente veio a chamar-se Cingapura, impediu que os holandeses dominassem a rota para a China. De que maneira Raffles soube como atuar nesse lugar remoto? Havia uma visão do Império Britânico e ele estava totalmente imerso nela. Estava claro para ele que, para transformar essa visão em realidade, os britânicos precisariam de uma base no caminho que levava ao Extremo Oriente. Quando a oportunidade se apresentou, Raffles agiu de forma relativamente autônoma (e, conforme mostram os registros, para horror do seu quartel-general, que temia uma guerra com os holandeses por causa de Cingapura). A história, porém, justificou os atos de Raffles – pelo menos do ponto de vista comercial.[10]

É óbvio o paralelo dessa situação com a das companhias que se espalham por uma área ampla – tanto em termos de produto como geograficamente. Se a administração superior dessas grandes empresas quiser promover comportamentos empreendedores em suas fileiras, ela tem de certificar-se de que os administradores dos níveis inferiores estejam sendo orientados por uma poderosa visão; caso contrário, esses diligentes funcionários estarão dispersos por toda parte, entregues às suas atividades.

Resumindo, portanto: uma boa visão faz com que as pessoas se sintam autorizadas e capacitadas a agir.

Uma boa visão também estimula o *pensamento de longo prazo*. Senge, que salienta esse ponto de forma especial, postula que simplesmente não é possível convencer racionalmente os seres humanos a adotar uma visão de longo prazo. Ele argumenta que em todos os casos onde se descobre uma perspectiva de longo prazo operando nos assuntos humanos, existe sempre uma visão de longo prazo que apela aos sentimentos das pessoas: "Os construtores de catedrais da Idade Média trabalharam durante uma vida com os frutos de seus esforços situados 100 anos à frente.[11]

Há ainda mais uma característica indispensável de uma visão: sua integridade, ao menos em dois aspectos. Primeiramente, uma visão tem de ser realmente *genuína*, "o que se mostra crucial para a liderança visionária".[12] Os empregados reconhecem muito rápido em que medida os administradores realmente aderem a uma visão, não apenas com a mente mas também com o coração. No momento em que os funcionários começam a duvidar da seriedade da alta administração, a conseqüência inevitável é o cinismo.

Todavia, há outro aspecto a ser levado em consideração: uma visão é um *instrumento poderoso* e, como qualquer instrumento, pode ser usado em benefício das pessoas ou ser mal-empregado. Em todos os aspectos da vida humana, uma boa visão tem de ser regida por princípios éticos. Afinal de contas, os grandes talentos retóricos de Martin Luther King poderiam ter sido utilizados para propósitos demagógicos; apenas a moralidade de sua causa justificou o seu método de aumentar as expectativas das massas ao criar uma espantosa tensão entre os que o ouviram naquele discurso feito em Washington. O mesmo é verdade, obviamente, para uma visão empresarial.

Por fim, mas não menos importante, devemos mencionar que as boas visões são *visões partilhadas*.[13] Essa é uma característica tão importante, que iremos retomá-la com mais detalhes. Com o propósito de preparar o terreno para essa discussão, temos primeiramente de analisar o que de fato constitui uma visão e como um indivíduo cria uma declaração de visão.

Elementos de uma Boa Afirmação da Visão

Quais são os elementos de uma boa declaração de visão? Westley e Mintzberg derramaram alguma luz sobre esta questão. Usando as introvisões deles, podemos identificar as duas partes que constituem uma visão: o conteúdo de uma declaração de visão, e o seu contexto.

O Conteúdo

"A visão pode se concentrar em produtos, serviços, mercados, organizações ou, até mesmo, em ideais. Esses aspectos são o componente estratégico, a imagem central que impulsiona uma visão; nós nos referimos ao núcleo", escreve Westley e Mintzberg.[14] Day enfatiza o mesmo ponto: "A visão é um tema orientador que articula a natureza do negócio e suas intenções para o futuro."[15]

Além de ter um núcleo, Westley e Mintzberg acreditam que toda visão é envolvida "por uma espécie de halo criado para conquistar sua aceitação. É a esse componente, compreendendo seus aspectos simbólicos de instrumentos retóricos e metafóricos, que chamamos de sua circunferência".[16] Conger chama de "habilidade retórica" ao processo de criação dessa "circunferência". Ela acentua o apelo motivacional da visão e determina se esta será suficientemente memorável para influenciar as tomadas de decisão que ocorrem no dia-a-dia de uma organização.[17] Alguns dos principais instrumentos neste contexto são as metáforas, analogias e histórias da organização. O poder das metáforas e analogias deriva de sua capacidade de captar e de ilustrar uma experiência da realidade, apelando simultaneamente aos diversos aspectos do ouvinte – às emoções, ao intelecto, à imaginação e aos valores.[18] Conger reflete aqui um pensamento de José Ortega y Gasset, o qual certa vez disse: "A metáfora é provavelmente o poder mais fértil que o homem possui."

Devemos observar que o valor acrescentado pelo visionário poderá estar apenas na circunferência, apenas no núcleo, ou no núcleo e na circunferência, sendo que a última obviamente representa a situação mais estimulante.

Para ser prática e eficaz, uma declaração de visão deve levar em conta as seguintes dimensões de conteúdo:

- a idéia básica sobre a qual o negócio é construído. Por que um cliente viria nos procurar? Uma boa idéia empresarial contém três elementos principais. Os dois primeiros se acham estreitamente relacionados: por um lado, o importante e permanente *problema do cliente*, no mercado que a empresa identificou como sendo o seu território e, por outro, uma *solução aceitável*, singular e atraente oferecida pela companhia. Se um ou ambos esses fatores apresentarem algum ponto fraco, a atratividade empresarial fica reduzida. Essa idéia em geral é tornada concreta com a ajuda do produto e/ou serviço oferecido por uma empresa, bem como com a ajuda do mercado a ser servido.[19]

- o *sistema empresarial* – o terceiro principal problema de uma idéia empresarial. Um negócio é mais do que um produto e um mercado; "há, de fato, toda uma cadeia de atividades que vai do *design* do produto à sua utilização pelo consumidor final e que precisa ser mobilizada para atender a certas expectativas do mercado. O tema mais comumente aceito para designar essa cadeia de atividades é o sistema empresarial", escreve Gilbert e Strebel.[20] Partes desse sistema são a estrutura da organização, os recursos, o conhecimento organizado, o estilo de liderança (incluindo os principais valores), as ligações com os subempreiteiros e o sistema de recompensa.

Conforme se pode inferir com base no que foi dito acima, uma visão é a contemplação de uma imagem futura da organização como um todo, "um sonho a respeito da coisa toda", para citar a epígrafe deste capítulo, de autoria de Charles M. Schwab. Uma declaração de visão descreve estas dimensões de uma forma emocionante em uma determinada altura do tempo como, por exemplo, cinco anos futuro adentro. A "habilidade retórica", mencionada anteriormente, com certeza tem um lugar aqui.

O Contexto

Conforme foi mencionado acima, o segundo elemento constituinte de uma visão é o contexto. Obviamente, pode-se conceber uma grande variedade de contextos: a própria natureza da organização pode variar quanto à propriedade, estrutura, em tamanho, estágio de desenvolvimento, pode ser pública ou privada, estar na infância ou na maturidade etc. A indústria e o ambiente também podem variar, por exemplo, desde a tradicional produção em massa até a alta tecnologia contemporânea.[21] Em cada um desses casos, o contexto específico influencia significativamente uma visão (e, por conseqüência, o processo de visionamento).

A Fisiologia do Visionamento

Agora, temos de examinar o modo como criamos uma visão e a transformamos em ação – temos de nos voltar para os aspectos do processamento, a fisiologia do visionamento, por assim dizer. Tal como na seção anterior, por enquanto, vamos nos limitar ao nível conceitual.

A criação de uma visão é sempre o resultado de algum processo, mesmo se ele aparentar ser muito curto ou mal-estruturado. Tentativas de estruturar e de aplicar esse processo correm o sério risco de roubar a vitalidade dessa atividade empresarial altamente criativa.[22] Acreditamos que é necessário conviver com esse risco, pois temos de tentar oferecer ao administrador em atividade alguma orientação quanto à criação e à aplicação de uma visão. Antes de começarmos a discutir esse processo, gostaríamos de fazer uma advertência. Não existe obviamente nenhuma fórmula para se encontrar uma visão. Há, todavia, certos princípios e diretrizes para se formar uma visão. Está surgindo uma disciplina que trata da criação de visões e o mesmo acontece com as ferramentas para se trabalhar com visões.[23]

Abordagens Genéricas do Visionamento

Todas as formas de visionamento observadas na prática e na literatura podem ser colocadas num *continuum* que se baseia na origem mental de uma visão e de sua evolução (ver a Figura 7.1).

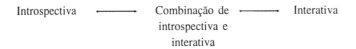

Figura 7.1 *Continuum* de abordagens de visionamento

No final do *continuum* estão as abordagens altamente introspectivas de visionamento. Nesses casos, um líder forte e inovador cria uma visão basicamente através da introspecção. Freqüentemente, esses casos representam genuínas experiências do tipo "Estrada para Damasco", vivenciadas pelo líder – elas aparecem subitamente, como visitantes. As grandes invenções ou revoluções tecnológicas estão ligadas a visões dessa natureza, particularmente se a pessoa que está na linha de frente for um líder carismático.

No outro extremo do espectro o indivíduo descobre maneiras de criar uma visão que são essencialmente interativas. Os membros de um grupo, por meio de muitas discussões, forjam uma visão compartilhada para sua organização. Pode perfeitamente ocorrer que a articulação dessa visão – a costura dos resultados da discussão – seja deixada a cargo de uma só pessoa.

Na maioria dos casos de formação de uma visão, usa-se uma abordagem que teria de ser colocada em algum lugar ao longo de um *continuum*. Nessas situações, os dois métodos puros se acham misturados; ou seja, no processo de criação de uma visão, os períodos introspectivos (durante os quais os participantes trabalham individualmente) são seguidos por momentos altamente interativos de discussão dentro de um grupo de pessoas, e vice-versa. Sendo essa abordagem híbrida tão conspícua e freqüente, gostaríamos de considerá-la como um terceiro modo de construção de uma visão. Para fortalecer nossa argumentação e dar alguma vida à Figura 7.1, gostaríamos agora de apresentar alguns exemplos práticos.

Como exemplo de visão de natureza essencialmente introspectiva, Westley e Mintzberg usam a invenção da máquina Polaroid, da autoria de Edwin Land. Eles citam o próprio inventor descrevendo o modo como tudo começou:

> Um dia, quando estávamos passando as férias em Sante Fe, em 1943, minha filha Jennifer, que na época tinha três anos, perguntou-me por que ela não podia ver a fotografia que eu havia tirado dela. Enquanto caminhávamos por aquela encantadora cidade, tentei resolver o enigma que minha filha me apresentara. Em uma hora, a câmara, o filme e a físico-química tornaram-se tão claros que, com grande alvoroço, corri ao encontro de um amigo para descrever-lhe em detalhe uma câmara seca que forneceria uma foto imediatamente após a exposição. Na minha mente, ela era tão real, que gastei várias horas fazendo essa descrição.[24]

Histórias dessa natureza podem facilmente criar a impressão de que uma idéia como a que levou à criação da câmera Polaroid surge criada a partir do nada. Tal pressuposição subestima os vários anos que Land gastou "aperfeiçoando o processo de polarização, desenvolvendo suas capacidades científicas e inventivas, praticando, repetindo e aprendendo a sua arte".[25] Leavitt apresenta um argumento semelhante ao observar que, nos indivíduos, a criatividade é acentuada pela profundidade e amplitude dos conhecimentos e da experiência. "Pessoas que sabem muito têm maior probabilidade de formar novas combinações de idéias do que pessoas que não têm muitos conhecimentos a partir dos quais possam fazer novas combinações", insiste ele.[26] Isso em nada modifica o fato de que a descoberta da câmera Polaroid foi uma genuína revolução, um verdadeiro ato criativo. Ela representou um grande salto no desenvolvimento da fotografia.

O próprio Land não deixou claro quais eram as fontes de sua criatividade; ele sugere que impulsos dessa natureza são malcompreendidos. Parece-nos que uma das principais causas desse tipo de "explosão" criativa é a intuição humana, a parte não-racional da natureza humana. Albert Einstein, que, obviamente, viveu experiências semelhantes, percebeu a existência desse elo entre a criatividade e a intuição, conforme mostra uma de suas afirmações mais freqüentemente citada: "Acredito na intuição e na inspiração... às vezes, confio em que estou certo, sem saber a razão... A imaginação é mais importante do que o conhecimento, pois este é limitado, ao passo que a imaginação abrange todo o mundo, estimulando o processo e dando origem à evolução."

Um desempenho como o de Edwin Land pode ser programado? Certamente que não. Algumas pessoas argumentariam que o melhor que as companhias poderiam fazer a respeito seria deixar a criatividade fluir. "Um administrador não pode fazer uma nova idéia brotar dentro da organização. Ele não pode criar a equipe de criação. Assim como os sabotadores, as pessoas criativas fazem os seus próprios planos e formam suas pequenas células próprias. Um administrador não pode controlá-las; tudo o que ele pode fazer é ajudar", descobriram Nayak e Ketteringham, em sua pesquisa sobre rupturas.[27] Hoje sabemos perfeitamente como estruturar um ambiente que ajude a estimular um comportamento inovativo.[28] Poderíamos até mesmo ir um passo além e argumentar que agora sabemos muito mais sobre aquilo que Land descreveu como essas "fontes malcompreendidas" desse tipo de criatividade, a qual Einstein chamou de "intuição" e de "imaginação". Achamos mesmo que melhoramos notadamente as nossas chances de ter acesso a essas fontes intuitivas da mente humana, conforme iremos mostrar posteriormente.

Um exemplo de processo de visionamento que teria de ser colocado mais para o meio do nosso *continuum* é o de Jan Carlzon, que, na verdade, era dúplice. Por um lado, ele deu grande ênfase à Euroclass, a versão SAS de classe executiva; ao fazer isso, contou com o passageiro da classe executiva, basicamente pouco sensível a preços (em contraste com outras linhas aéreas, que cortejavam essencialmente o turista muito preocupado com os custos). Por outro lado, ele enfatizou o processo e a estrutura da organização como elementos fundamentais de sua visão, um fato que torna a sua abordagem particularmente interessante. Suas novas descobertas diziam respeito à natureza do serviço em si e da estrutura organizacional mais apropriada para oferecê-lo. Seu projeto para a organização incluía:

> transformar os funcionários da linha de frente – especialmente os bilheteiros e comissários de bordo – em "gerentes", dando-lhes autoridade para se mostrar sensíveis às necessidades e problemas de cada cliente. Os administradores de nível médio deixam de ser supervisores e se transformam em recursos para os funcionários da linha de frente. Eles são repreendidos por inibir a iniciativa dessas pessoas.[29]

Para chegar à sua visão, Carlzon descreve um processo bastante diferente do de Land. Em vez de uma explosão de criatividade resultante de um projeto holístico e completo, Carlzon afirma que o projeto de sua organização surgiu a partir de um grande número de pequenas idéias e discretos momentos de inspiração, os quais foram discutidos vezes sem conta com seus colaboradores e, então, reunidos para formar um todo. Seu relato é repetido por Hal Leavitt:

> A visão não brota totalmente formada a partir da costela de Adão. Ela em geral se inicia de uma maneira canhestra, tateando seu caminho às cegas rumo a algum sonho vago que não pode ser facilmente definido nem verbalizado. Quer se trate da visão de Mao para uma nova China, da visão de Robert Hutchins para um nova Universidade de Chicago ou da visão do criador de uma nova empresa, cada uma delas foi continuamente moldada, reformulada e tornada clara.[30]

Esses processos de visionamento da parte central do *continuum* da Figura 7.1 talvez pareçam um tanto confusos para o leigo. *Sir* John Harvey-Jones, quando ainda era presidente da ICI, certa ocasião fez o seguinte comentário a respeito disso:

> Acredito que precisamos de uma compreensão mais clara do papel da visão empresarial ou, como prefiro denominá-la, do sonho empresarial... Esses sonhos têm de ser sonhos de pessoas que estão no topo, e sua criação implica grande esforço e considerável gasto de tempo; mas precisa ser tempo e esforço despendidos quando estamos de roupa esporte, com copos de cerveja e sanduíches na mão, e não com roupas de trabalho, tomando café e em meio a gráficos de computadores.[31]

Também conhecemos casos em que as visões tomam forma através de uma abordagem que teria de ser colocada numa parte do *continuum* da Figura 7.1 bastante deslocada para a direita; ou seja, elas são estabelecidas de uma forma quase que totalmente interativa. Em 1961, por exemplo, John Kennedy articulou uma visão que tinha surgido havia anos entre os líderes do programa espacial americano: colocar um homem na Lua no final da década. Foi Kennedy o criador dessa visão? Certamente não, embora tivesse desempenhado um papel importante no processo. Em outros casos de abordagens de visionamento situadas à direita da Figura 7.1, as visões "simplesmente borbulham" a partir de pessoas que interagem em muitos níveis. Curiosamente, essas pessoas não ocupam necessariamente cargos investidos de autoridade.[32]

Em todas as abordagens de visionamento representadas na Figura 7.1, há um requisito indispensável: não basta comunicar as visões eficazmente aos outros membros da organização; elas precisam ser partilhadas por eles. Esse é o aspecto que agora gostaríamos de abordar.

Comunicação e Partilha

Conforme foi mencionado anteriormente, a comunicação e a partilha de uma visão têm enorme importância para o conceito. Principiemos a discussão desse aspecto examinando os casos em que a criação de uma visão é, em grande parte, um processo de cima para baixo; isto é, exemplos tirados do lado esquerdo do *continuum* da Figura 7.1.

Essa forte característica descendente torna particularmente importante a comunicação eficaz da visão. Temos simplesmente de perceber que uma visão – no sentido de uma imagem mental privada de um estado futuro desejado para uma organização – é, na melhor das hipóteses, incompleta, se não inútil. Mesmo na companhia mais centralizada, dirigida por um líder carismático, tal imagem precisa ser abraçada pelos restantes da organização para poder servir ao seu propósito. Um pré-requisito para se realizar essa partilha é uma habilidosa comunicação dessa visão aos demais membros da equipe, feita pelo líder carismático. Na verdade, o líder precisa fazer os seus seguidores "enxergá-la". Tal como o general Patton, os visionários têm o dom de criar em sua gente a prontidão para segui-los na batalha, por assim dizer. Os visionários que não conseguem realizar isso passam a ser sonhadores e caem no esquecimento. Portanto, não devemos nos surpreender ao descobrir que os visionários bem-sucedidos são também muito hábeis no uso da linguagem para comunicar a sua visão. A linguagem tem a capacidade de estimular e de motivar, não apenas apelando para a lógica mas também para as emoções.[33]

Esse último aspecto é particularmente importante. Em muitos casos, as visões requerem uma mudança no comportamento da organização. Ao mesmo tempo, "tudo o que as ciências sociais sabem a respeito de mudança de comportamento diz que as pessoas mudam muito mais por motivos emocionais do que por motivos racionais. Mais do que a razão fria e pura, é o amor, o ódio, a ganância, a lealdade, o ciúme e a paixão que nos impelem a mudar", salienta Leavitt.[34] Em seus esforços para chegar às emoções das pessoas, os bons visionários empregam habilmente símbolos e metáforas para comunicar sua visão. Jan Carlzon usou a metáfora "momentos de verdade" para descrever o significado de cada contato de seus "administradores de linha de frente" com os clientes. É também fascinante examinar o que Martin Luther King fez em seu discurso "Eu tenho um sonho..."; ele usou com muita naturalidade (ao que parece) um grande número de metáforas e símbolos para descrever à sua audiência um país futuro desejável.

> Atribuímos extrema importância a essa dualidade nos visionários. Não hesitamos em dizer que a maneira de se comunicar uma visão é tão importante quanto a imagem efetivamente comunicada. Combinando percepção e símbolos, o líder cria uma visão; esta, ao evocar uma

reação emocional, forma uma ponte tanto entre o líder e os seguidores como entre a idéia e a ação.[35]

Essa ação conjunta entre os visionários e sua audiência não só é importante para conquistar apoio para a visão como também exerce uma influência sobre a própria visão. Ela ajuda a moldá-la. Para enfatizar esse ponto, Westley e Mintzberg comparam o processo de visionamento à representação de uma peça. A força do trabalho e dos gestos de um ator não é suficiente para um grande desempenho – isso não ocorrerá se o ator estiver sozinho numa sala. Os atores precisam de um público que atue como um co-participante do ato de criação. A relação entre o palco e os espectadores é fundamental para uma grande *performance*: o público tanto pode fazer o ator voar como cortar-lhe as asas.

O mesmo é válido para os visionários e para as visões. Assim como a representação de uma peça, as visões ocorrem numa via de mão dupla – elas só adquirem vida se forem partilhadas.[36] E, assim como o ator, o visionário também pode deparar com um público ruim. O caso de Charles Parry é um exemplo. Ele se tornou presidente da Alcoa, em 1983, mas logo foi deposto porque a sua visão foi rejeitada pela cultura profundamente conservadora da companhia. Conforme relata Day:

> A Alcoa, o maior produtor de alumínio dos Estados Unidos, sofrera durante anos com os altos e baixos do mercado. No início da década de 80, uma combinação de excesso crônico de capacidade para produzir lingotes e a existência de diversos competidores de propriedade estatal, mais preocupados com a manutenção de empregos do que com a lucratividade, reduziram os lucros a praticamente zero. Em resposta, Parry articulou uma visão da Alcoa como um destacado produtor de ligas altamente trabalhadas usando cerâmica, plástico e materiais compostos. Seu objetivo final era fazer com que 50% do faturamento proviesse de outros mercados que não o alumínio. Infelizmente, Parry já havia se indisposto com a maior parte dos administradores em virtude de uma série de fechamentos de unidades para reduzir custos... Nesse meio-tempo, o conselho de acionistas, que geralmente endossava medidas no sentido de reduzir a dependência primária do alumínio, sentia-se pouco à vontade com uma meta de 50%... Posteriormente, eles ficaram desencantados com as aquisições que estavam sendo propostas e, em 1987, retiraram o seu apoio.[37]

A essa discussão sobre a comunicação da visão, devemos acrescentar uma dimensão que é particularmente pertinente para abordagens de visionamento situadas no centro ou na parte direita do *continuum* da Figura 7.1. Uma visão partilhada surge a partir de visões pessoais:

> As organizações que pretendem construir visões partilhadas estimulam continuamente os seus membros a desenvolver suas visões pessoais. Se as pessoas não têm a sua própria visão, tudo o que elas podem fazer é advertir alguém com um sinal. O resultado é a aquiescência, nunca o comprometimento. Por outro lado, as pessoas com um forte senso de orientação pessoal podem juntar-se para criar uma poderosa sinergia rumo ao que eu/nós realmente queremos.[38]

Uma visão não é uma visão verdadeiramente partilhada até formar conexões com as visões pessoais de indivíduos e toda a organização. As visões realmente partilhadas demoram para vir à luz. Elas crescem quase como um subproduto de visões conjuntas entre visões individuais. Nessa experiência, visões verdadeiramente partilhadas requerem conversas freqüentes em que as pessoas não apenas se sentem livres para contar seus sonhos mas também aprendem a ouvir os sonhos dos outros. A partir disso surgem novas introvisões a respeito de coisas que são possíveis.

O resultado desse processo compensa o esforço. Conforme salienta Senge:

> Uma visão partilhada não é uma idéia... Ela se assemelha mais a uma força no coração das pessoas, uma força impressionante. Ela pode ser inspirada por uma idéia, mas, depois de alçar vôo – se for atraente o bastante para conquistar o apoio de mais de uma pessoa – então, ela deixa de ser uma abstração. Torna-se palpável. As pessoas começam a vê-la como se tivesse existência real. Poucas forças humanas, se é que alguma, são tão poderosas como uma visão partilhada.[39]

Uma declaração igualmente forte foi feita por *sir* John Harvey-Jones. No discurso acima mencionado, proferido há alguns anos em St. Gallen (Suíça), ele disse:

> Não há necessidade de demonstrar que os sonhos são possíveis de ser realizados, embora seja útil uma indicação ampla de escala. Eles não têm de ser exatos, mas precisam ser muito mais ambiciosos

do que permitem as capacidades usadas cotidianamente... eles devem atrair o coração e a mente das pessoas que têm de realizá-los.[40]

Conclusão

Este capítulo visou o esclarecimento do conceito de visão. Como visão e visionamento são ainda abordagens relativamente recentes do planejamento formal, foi necessário fazer essa exploração. Assim, este capítulo torna-se uma ponte que leva ao capítulo final, onde queremos investigar com muito mais detalhes o modo como a nossa intuição pode ser posta em prática. No próximo capítulo, o visionamento será usado como um veículo para demonstrar uma aplicação prática da intuição em um aspecto do planejamento estratégico, ou seja: o esforço para criar uma imagem futura desafiadora, desejável e excitante de determinada empresa. Ou será que Robert Browning não estava certo quando disse: "Um homem deve procurar atingir o que não está ao seu alcance,/ Caso contrário, para que serviria o Céu?"

Notas

1 Bernard M. Bass, "Charismatic and inspirational leadership: what's the difference?", *Proceedings of Symposium on Charismatic Leadership in Management*, McGill University, Montreal, 1987, p. 51.

2 Harold J. Leavitt, *Corporate Pathfinders* (Homewood, Ill.: Dow Jones-Irwin, 1986), p. 62.

3 Peter M. Senge, *The Fifth Discipline: The Art and Practice of the Learning Organization* (Nova York: Doubleday, 1990), p. 206.

4 Warren Bennis e Burt Nanus, *Leaders* (Nova York: Harper & Row, 1985), p. 87.

5 David Halberstam, *The Powers That Be* (Nova York: Dell, 1979), p. 40.

6 Senge, *Fifth Discipline*, p. 207.

7 Entrevista feita por Sandra Vandermerwe, professora do IMD, Lausanne, com Jan Carlzon, em 3 de março de 1987.

8 Jay A. Conger, "Inspiring others; the language of leadership", *Academy of Management Executive*, 1991, vol. 5, n.º 1, pp. 32-33.

9 George S. Day, *Market Driven Strategy* (Nova York: The Free Press, 1990), p. 17, Gary Hamel e C. K. Prahalad, "Strategic intent", *Harvard Business Review*, Maio-Junho 1989, p. 64.

10 Maurice Collins, *Raffles* (Londres: Century, 1988).

11 Senge, *Fifth Discipline*, p. 210.

12 Frances Westley e Henry Mintzberg, "Visionary leadership and strategic management", *Strategic Management Journal*, 1989, vol. 10, p. 21.

13 Senge, *Fifth Discipline*, pp. 205-32; Day, *Market Driven Strategy*, p. 16; Westley e Mintzberg, "Visionary Leadership", pp. 18-21.

14 Westley e Mintzberg, "Visionary Leadership", p. 22.

15 Day, *Market Driven Strategy*, p. 15.

16 Westley e Mintzberg, "Visionary Leadership", p. 22.

17 Conger, "Inspiring Others", p. 32.

18 *Ibid.*, p. 39.

19 F. Friedrich Neubauer, *Portfolio Management* (Deventer: Kluwer, 1990), pp. 8-9.

20 Xavier Gilbert e Paul Strebel, "Developing competitive advantage", *in* James Brian Quinn, Henry Mintzberg e Robert M. James (orgs.), *The Strategy Process* (Englewood Cliffs: Prentice-Hall, 1988), p. 70.

21 Westley e Mintzberg, "Visionary Leadership", p. 22.

22 *Ibid.*, p. 17; Leavitt, *Corporate Pathfinders*, p. 39.

23 Senge, *Fifth Discipline*, p. 211.

24 E. Land, "The most basic form of creativity", *The Times*, 26 de junho de 1972, p. 84.

25 Westley e Mintzberg, "Visionary Leadership", p. 19.

26 Leavitt, *Corporate Pathfinders*, p. 64.

27 P. Ranganath Nayak e John M. Ketteringham, *Breakthroughs!* (Nova York: Rawson Associates, 1986), pp. 338-9.

28 Leavitt, *Corporate Pathfinders*, p. 63.

29 Westley e Mintzberg, "Visionary Leadership", p. 29 (citado a partir de *Moments ot Truth*, por Jan Carlzon).

30 Leavitt, *Corporate Pathfinders*, p. 62.

31 *Sir* John Harvey-Jones, discurso proferido no Simpósio de St. Gallen, Suíça, 17 de maio de 1988.

32 Senge, *Fifth Discipline*, p. 214.

33 Westley e Mintzberg, "Visionary Leadership", p. 20.

34 Leavitt, *Corporate Pathfinders*, p. 6.

35 Westley e Mintzberg, "Visionary Leadership", p. 20.

36 *Ibid.*, p. 21.

37 Day, *Market Driven Strategy*, pp. 16-17.

38 Senge, *Fifth Discipline*, p. 211.

39 *Ibid.*, p. 206.

40 Harvey-Jones, discurso, p. 6.

8

A Prática do Visionamento (O Modelo PN)

Os bons líderes empresariais criam uma visão, articulam essa visão, possuem-na com paixão e, implacavelmente, levam-na a cabo.

Jack Welsh,
Presidente da General Electric

A grande maioria das considerações conceituais sobre o visionamento, examinadas nos capítulos anteriores, foi incorporada por dois dos autores ao nosso próprio processo de visionamento. O principal objetivo foi o de tornar o conceito operacional. Agora, vamos examinar isso mais de perto.

A essência do Modelo PN (Parikh-Neubauer) de Visionamento Empresarial está contida na Figura 8.1. Como pode ser visto, a abordagem inicia-se com dois tipos de visionamento, a saber: *o visionamento reflexivo* e o *visionamento intuitivo*. Ambas as correntes acabam se fundindo para formar uma *visão integrativa*, a qual funciona como uma poderosa base para planos de ação. A Figura 8.1 também indica que o visionamento é um processo dinâmico. Conforme mostra o lado direito, a visão integrativa e a realidade da empresa são revistas a cada momento. Se necessário, a visão é modificada.

Visionamento Reflexivo

A fim de explicar as etapas do processo de visionamento reflexivo (ver a parte superior esquerda da Figura 8.1), presumimos que o grupo que passa pelo processo representa um grupo geral de administração – a administração superior de uma empresa, de uma corporação, de uma divisão ou de uma subsidiária maior, relativamente independente. (O processo, todavia, também pode ser aplicado a áreas funcionais de uma companhia, tais como a de pesquisa e desenvolvimento ou o departamento de recursos humanos etc.)

Antes de entrar na primeira etapa do processo, o grupo é familiarizado com o conceito de visão e de visionamento, através do contato com algo muito semelhante ao que foi discutido no capítulo anterior. Um dos principais objetivos dessa apresentação é o de mostrar ao grupo que eles vão ter de evitar a tentação de cair em alguma das rotinas familiares do planejamento estratégico tradicional, do tipo incrementativo. Depois dessa introdução, o grupo é convidado a iniciar o processo de visionamento reflexivo apropriado.

Etapa Um

Conforme foi dito anteriormente, a criação de uma visão depende basicamente de dois aspectos principais:

- uma quebra (ou descontinuidade) no ambiente e/ou uma nova maneira de "interpretar" esse ambiente, e
- a capacidade de criar "uma imagem de um estado organizacional desejável futuro" da unidade em consideração.

Na Etapa Um lidamos com o primeiro desses dois aspectos.

Para que os administradores se familiarizem com os desenvolvimentos de ponta nos diferentes domínios ambientais, eles assistem a rápidas pa-

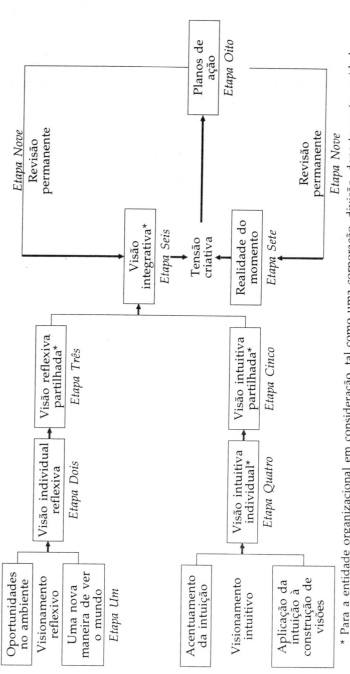

Figura 8.1 Processo de construção de visão: o modelo PN

* Para a entidade organizacional em consideração, tal como uma corporação, divisão, departamento, unidade

lestras sobre assuntos específicos, dadas por especialistas no ambiente econômico, tecnológico, social e político em que a companhia está vivendo. Nessas breves apresentações, enfatizam-se as descontinuidades, convergências ou tendências observadas ou esperadas. Exemplos desses desenvolvimentos poderiam ser o esperado regionalismo futuro na Europa, a globalização dos mercados de capitais, o possível eclipse da empresa pública etc.

Conforme observamos anteriormente, o que caracteriza os visionários, os administradores audaciosos, é a sua capacidade de interpretar esses acontecimentos e desenvolvimentos de forma diferente do restante do "rebanho", ou seja: diferentemente do modo como os outros administradores iriam interpretá-los. O exemplo seguinte ilustra este ponto. Na época dos movimentos de independência na África negra, europeus que tinham montado suas empresas na fase colonial ficaram preocupados com o seu futuro, temendo que os "radicais" da nova administração cumprissem as ameaças de nacionalizar os bens de propriedade de estrangeiros. Em contraste, Tiny Rowland, à testa da empresa britânica Lonrho, que financiava a exploração de minas, sentiu que os novos líderes negros africanos queriam tranqüilizar a opinião pública mundial quanto à sua estabilidade e responsabilidade. Enquanto os outros empresários europeus mudavam-se de lá o mais rápido que podiam, Rowland investiu vigorosamente nos países africanos, adquirindo bens valiosos e livres de dívida a preços ínfimos.[1] Será que Tiny Rowland dispunha de informações privilegiadas, às quais outros empresários da África negra não tiveram acesso? Não. Ele só interpretou o ambiente de forma diferente dos demais. A essência dessa parte do exercício de visionamento foi bem captada pela frase de Marcel Proust: "Para fazer descobertas não se necessita de novas paisagens, mas de novos olhos."

A fim de tornar mais fácil para os administradores a participação no processo de olhar para esses ambientes com novos olhos, eles são expostos, ao longo dessa etapa, a técnicas baseadas na criatividade. Nesse contexto, pode-se usar, por exemplo, as técnicas que Edward de Bono introduziu na literatura (e na rotina administrativa).[2] O objetivo dessa etapa é sugerir opções de idéias empresariais estimulantes e (é de esperar) inovadoras, tais como as definimos anteriormente.

Etapa Dois

Na segunda etapa, os administradores são solicitados a fazer um trabalho individual. Com base naquilo que aprenderam na Etapa Um, eles são solicitados a criar suas visões pessoais para a empresa, digamos, cinco anos futuro adentro. Para dar-lhes alguma orientação quanto ao modo de realizar essa tarefa, usamos a técnica, já consagrada pelo tempo, de perguntar-lhes: "O que você gostaria que a revista *Fortune* escrevesse sobre a sua empresa daqui a cinco anos?" (Se a empresa não atuar no nível internacional, substituímos *Fortune* por qualquer outra destacada revista empresarial que os participantes conheçam e apreciem.)

Em nossas instruções, solicitamos explicitamente aos participantes que escrevam um relato inteligente e de caráter jornalístico que eles usariam a fim de atrair para sua organização a nata dos formandos das melhores universidades. Essa solicitação obriga os participantes a deixar de lado o estilo conciso e esquemático que costumam usar quando fazem uma exposição para seus colegas ou superiores.[3]

Também lhes solicitamos explicitamente que dêem asas à imaginação e escrevam uma história isenta de fatores limitantes (posteriormente, trataremos de acrescentar água ao vinho desse pensamento otimista). Numa etapa posterior do processo, fazemos com que eles trabalhem a partir de suas visões, ou seja: que se ponham mentalmente no estado futuro descrito por sua visão e perguntem o que precisariam fazer hoje para chegar a esse estado.

Alguns dos participantes relutam em tentar esta abordagem. Pedimos que eles controlem sua descrença e deixem suas críticas para os resultados. Isso em geral funciona. Ao término do processo, os executivos com quem interagimos gostaram de imaginar o estado futuro desejado para as organizações às quais pertenciam.

Muito semelhante à abordagem da *"Fortune"* é a abordagem do "visionamento do ideal", de que Tichy nos dá o seguinte exemplo.[4] Em 1985, a Clark Equipment e a AB Volvo criaram uma nova empresa através da fusão da Clark Michigan com a divisão BM da Volvo. Disso resultou um dos maiores fabricantes mundiais de equipamentos de construção e mineração. Dois anos antes, a própria Clark viu-se às voltas com grandes dificuldades e, mais que isso, não havia nenhuma maneira de gerar os recursos necessários para redirecionar o seu futuro dentro do tempo disponível. Em vez de entrar em desespero, a Clark Michigan adotou diversas providências incomuns:

- Estimulou os seus executivos a sugerir livremente um projeto de um competidor ideal para os dois gigantes do ramo, a Caterpillar e a Komatsu.
- Novamente sem impor limites à imaginação, os executivos da Clark Michigan determinaram quais empresas do ramo, associadas à própria Clark, mais se aproximariam da empresa ideal que eles haviam planejado. Três organizações foram identificadas como parceiras em potencial.
- Armados com este conceito, eles primeiro procuraram a Daimler-Benz e dela adquiriram a subsidiária Euclid Truck, uma empresa especializada em veículos pesados (usados em mineração a céu aberto, por exemplo). Posteriormente eles iniciaram conversações com a Volvo BM, a divisão de equipamentos de construção da Volvo, sugerindo uma *joint venture* entre as duas empresas. A idéia encontrou boa acolhida mas um dos executivos insistiu na realização de algumas análises em profundidade para se entender plenamente os méritos da idéia. Foram formadas equipes que analisaram o assunto e concluíram que o projeto traria vantagens para as duas empresas. No outono de 1984 os relatórios foram apresentados às mesas diretoras e o acordo para a *joint venture* foi firmado no final daquele ano.

Quando os executivos da Clark analisaram retrospectivamente o processo e compararam o resultado com o ideal que haviam visionado, eles foram obrigados a admitir para si mesmos que haviam conseguido a maior parte daquilo que tinham desejado. O que aconteceu com a Clark dificilmente teria sido conseguido através do planejamento convencional.

À medida que fomos adquirindo experiência, descobrimos ser útil combinar as duas abordagens. Quando os participantes estão empenhados em escrever seu artigo para a *Fortune*, pedimos-lhes que produzam uma história na qual eles vejam a empresa a que pertencem como um competidor ideal em seu ramo de atuação. Como essa tarefa pode atemorizar alguns dos participantes, sugerimos a eles que a dividam em subtarefas mais manejáveis.

Uma das subtarefas seria responder à pergunta: "Imagine a versão ideal de seu produto. Como ele seria?" Em circunstâncias normais, o tempo só nos permite solicitar a opinião dos participantes. Se o processo fosse estendido por um período mais longo, poderíamos até mesmo apresentar essa pergunta aos principais clientes e distribuidores e fazer uso da reação dessas pessoas quando estiverem descrevendo um produto ideal. O mesmo é válido, por exemplo, para os serviços que uma empresa oferece. O "avião para o agrado do passageiro", criado por Jan Carlzon, é um exemplo. A visão de Carlzon é um avião de *design* não-ortodoxo, com 75-80% do volume interno da fuselagem dedicado ao conforto do passageiro e à cabina onde são guardadas as bagagens, comparado aos 35% tradicionalmente alocados para esses fins. Eis aqui a explicação para o seu sonho: "Para a década de 90, partimos do princípio de que precisamos de um avião que os passageiros queiram. Só então acrescentaremos os motores e a carlinga, e não o contrário." Numa entrevista coletiva, Carlzon pegou um modelo de um avião de fuselagem estreita, virou-o de lado e disse: "Eis o que eu vejo. O piso (do Avião para o Agrado do Passageiro) é mais baixo; o teto é mais alto. Os assentos não estarão a mais do que duas fileiras de distância de um corredor de passagem. O espaço para transporte de bagagem, na parte de baixo do avião, seria reduzido porque haveria guarda-roupas para os passageiros. Os executivos não querem esperar por sua bagagem."[5]

Uma outra subtarefa a ser realizada para se imaginar o competidor ideal seria perguntar: "Qual seria o sistema de distribuição ideal em seu ramo? Se você pudesse começar tudo de novo, como você o organizaria?" Um bom exemplo nesse contexto seria o método Citicorp, inventado em 1986 para ajudar os americanos a selecionar seus empréstimos hipotecários. Em 1981, o Citicorp não estava sequer entre os 100 maiores credores hipotecários dos Estados Unidos. Para mudar isso, eles sonharam com um novo sistema de distribuição:

> Numa descrição simplificada, o Citicorp juntou três mil corretores de imóveis, advogados e agentes de seguro para formar uma rede de encaminhamento que se estendia por 37 Estados. Para qualificar-se para o Mortgage Power (o nome do programa) e receber um empréstimo com juros 1,5% menores do que conseguiria indo direto ao Citicorp, o comprador precisava passar por um agente Citicorp. Os agentes, por sua vez, recebiam do comprador uma taxa de corretagem de 0,5%. A hipoteca não saía pelo custo mais baixo do mercado, porém o processo todo demorava 15 dias para ser aprovado (ou rejeitado), com pouquíssima burocracia.[6]

Subtarefas posteriores incluiriam respostas a questões como: "Qual seria a estrutura ideal para a sua empresa?", ou: "Em sua opinião, qual seria o modelo ideal de administração?" (A resposta para a última questão também expressaria uma opinião sobre uma cultura desejável e sobre os valores básicos em que ela se apóia.) Outras questões – subtarefas – que poderiam ser levantadas nesse contexto são: "Se pudéssemos começar tudo de novo, qual seria o sistema administrativo ideal para a nossa empresa? Em qual etapa da cadeia de valores deveríamos nos concentrar? Poderíamos eliminar etapas que não aumentam o valor agregado?"

Um bom exemplo nesse sentido seria a IKEA, a empresa sueca que é a maior varejista internacional de móveis domésticos. Quando enormes obstáculos na fabricação e comercialização de móveis na Suécia – como o elevado grau de cartelização – prejudicaram o crescimento de sua florescente empresa, Ingvar Kamprad, o fundador da IKEA, sonhou com uma forma diferente de sistema empresarial. A IKEA eliminou ou modificou as atividades que aumentavam o custo do produto e não lhe acrescentavam nenhum valor essencial e perceptível do ponto de vista do consumidor. Gilbert e Strebel descrevem da seguinte maneira o conceito de Kamprad:

> A monitorização cuidadosa da produção, repassada a fabricantes especializados, assegurou a qualidade a um custo mais baixo. Os móveis não eram mais montados, sendo despachados em pacotes de menor volume. As exposições não eram feitas em lojas situadas no centro das cidades, mas em hiperlojas fora da zona urbana. Foi feito um balanço de custo-benefício entre a manutenção de um estoque mínimo, para reduzir os custos, e a disponibilidade imediata. Além do mais, ao projetar o seu próprio produto, a IKEA poderia garantir consistentemente um baixo custo de entrega ao longo de todo o sistema de comercialização. Uma variedade muito grande de produtos domésticos foi oferecida sob o mesmo teto, e podia ser observada e experimentada pelo consumidor na seção de exposição das lojas, em vez de poderem ser vistos apenas em catálogos ou em diferentes lojas. Os móveis normalmente estavam disponíveis de imediato e poderiam ser levados para casa de carro. Fazendo o seu próprio projeto, a IKEA poderia oferecer uma variedade de produtos homogêneos e modulares. A imagem desejável dos móveis escandinavos foi habilmente explorada para aumentar o valor perceptível do produto. Por fim, embora não menos importante, ao reformular todo o seu sistema de produção e comercialização, a IKEA adquiriu uma outra – e importante – vantagem competitiva: o *know-how* necessário para operar esta fórmula.[7]

Essa singular abordagem fez com que, no final da década de 80, a IKEA se tornasse a maior varejista mundial de móveis domésticos. As subtarefas mencionadas acima pretendem ser apenas indicativas. Outros aspectos têm de ser acrescentados para completar o quadro. Essas histórias parciais têm de ser combinadas e homogeneizadas para que resultem numa história coerente.

Consideramos a Etapa Dois (que é feita individualmente) uma parte extremamente importante desse processo. Assim como os artistas sempre têm em mente uma imagem da obra que eles querem criar, os administradores visionários precisam ter a capacidade de criar por si mesmos suas imagens pessoais de um estado futuro desejável para a organização a que pertencem. Nas palavras de Bennis e Nanus:

> Se houver uma centelha de genialidade na função das lideranças, ela deve estar na capacidade transcendente... de formar – a partir de uma variedade de imagens, sinais, previsões e alternativas – uma visão claramente articulada do futuro que, ao mesmo tempo, seja simples, estimulante, claramente desejável e de fácil compreensão.[8]

Etapa Três

Conforme já foi dito antes, uma visão, para servir ao seu propósito, tem de ser partilhada. Essa partilha entre os membros da alta administração é feita numa reunião com a presença de todos os membros da equipe. Durante essa reunião, os administradores estudam conjuntamente as declarações individuais de visão, discutem-nas em considerável profundidade, identificam os aspectos que elas têm em comum, bem como as idéias fundamentais. Nessa sessão intensiva (em "roupas esporte, com copos de cerveja e sanduíches", para repetir as palavras de John Harvey-Jones), e sob a orientação de facilitadores de processo experimentados, é forjada uma visão partilhada reflexiva – com toda a especificidade necessária para torná-la significativa. Uma declaração de visão, obviamente, nunca termina. Não obstante, deve-se forçar algum tipo de completamento nesse estágio, para que a pessoa não tenha problemas com os outros passos do exercício. (Se acontece à empresa ter várias divisões um tanto heterogêneas, é possível prosseguir por etapas, realizando primeiramente o processo no nível divisional, criando uma visão divisional partilhada e, então, transformando essas diversas visões numa visão partilhada da empresa toda.) Conforme se pode concluir com base nesta descrição dos três primeiros passos, o nosso processo nos permite empregar todos os modelos genéricos de visionamento de que dispomos – tanto abordagens individuais como métodos interativos e compartilhados.

O processo de visionamento reflexivo foi incluído no exercício por diversas razões. Conquanto se choque em diversos aspectos com as abordagens tradicionais de planejamento, ele ainda é uma forma de procedimento racional. Isto significa que ele oferece aos administradores uma vara à qual possam se agarrar; ou seja: eles se vêem trilhando um terreno com o qual se acham amplamente familiarizados. Isso facilita a entrada dessas pessoas em nosso processo de visionamento. Sentimos que temos de proporcionar-lhes este conforto antes de promover uma ruptura mais radical com as abordagens convencionais mediante o uso de processos intuitivos e não-racionais. Essas abordagens intuitivas, todavia, são necessárias para se auferir pleno benefício do processo de visionamento.

Visionamento Intuitivo

A diferença básica entre o visionamento reflexivo e o visionamento intuitivo é que, ao buscar o primeiro, a pessoa está respondendo à pergunta: "O que posso conseguir?" Embora isso não implique necessariamente uma projeção incremental do crescimento e de fato permita um avanço adicional em relação à declaração convencional de visão, trata-se ainda basicamente de um processo racional – em outras palavras, trata-se da máxima expansão possível da imaginação do indivíduo em direção ao futuro, embora inevitavelmente moderada pelo realismo. O processo de visionamento intuitivo, por outro lado, implica uma resposta à pergunta: "O que eu quero realmente?" Ao respondê-la, o indivíduo não conserva a estrutura de referência da realidade corrente ou, mesmo, daquilo que poderia ser considerado uma possibilidade realística futura. Ela implica uma total ressonância com o que quer que o indivíduo queira fazer na vida, com os seus impulsos básicos, quaisquer que sejam eles e com os seus sonhos interiores mais puros. Em outras palavras, depois de o indivíduo estender ao máximo – intelectual, racional ou realisticamente – sua imaginação no contexto das possibilidades do mundo real, isto é, no desenvolvimento da visão reflexiva, ele deve passar para um novo nível de atividade mental – o nível intuitivo – e ganhar acesso ao seu mundo interior através de alguns processos mentais para criar uma visão intuitiva. Conforme foi mencionado acima, no nível intuitivo o indivíduo não está preso ao pensamento linear nem bloqueado por quaisquer das assim chamadas limitações racionais. O visionamento intuitivo, portanto, é não apenas um salto muito maior – um salto quântico – a partir da realidade atual, mas também difere quantitativamente da visão reflexiva. Em outras palavras, no processo de visionamento reflexivo a pessoa ainda está limitada pelo realismo lógico; no visionamento intuitivo, não há tais restrições. O visionamento intuitivo facilita a liberação da criatividade inata da pessoa, livre das limitações impostas pelo pensamento linear, racional ou analítico ou por preconceitos. Isso permite que a pessoa corte os laços com o seu padrão normal de pensamento e vivencie um outro tipo ou nível de percepção ou introvisão a respeito das possibilidades futuras. Isso aumenta a capacidade do indivíduo desenvolver alguns tipos totalmente diferentes de conexões ou ligações. Por fim, este processo também ajuda a gerar idéias inovadoras ou aplicações que, até então, não haviam sido consideradas.

A pressuposição fundamental aqui é a de que a nossa educação e experiência, embora nos tenham proporcionado certos tipos de conhecimento e habilidade que nos permitem intensificar a profundidade de nosso pensamento, em geral tendem a restringir a amplitude de nossa imaginação e criatividade. A educação moderna parece ter afetado adversamente nossa sensibilidade natural. Além do mais, ser "realista" também implica permanecer ligado ao paradigma estabelecido ou ponto de vista aprendido a respeito do que é a realidade no mundo dos negócios. Quando usamos o processo intuitivo para nos aprofundar dentro de nós mesmos, libertamo-nos desses fatores limitantes. Em outras palavras, esse processo nos permite ir além do nosso estado mental comum, consciente, lógico, racional e um tanto simplista, e começar a explorar os padrões mais profundos e complexos nos níveis subconscientes. Isso facilita a expansão ou ampliação do contexto de nosso pensamento, tornando-o mais holista, macroscópico e sintetizador.

Há também indicações de que nesse processo intuitivo, quando a pessoa está num estado de espírito de profundo relaxamento ou receptividade, ou quando começa a entrar em contato com um estado de consciência mais profundo e expandido, as restrições e barreiras de nosso pensamento racional, egoísta e materialista começam a se enfraquecer e tornam-se inoperantes. Em certo sentido, a consciência de um indivíduo fica ligada e sintonizada a sistemas maiores, possibilitando a recepção de informações a partir de fontes externas ao indivíduo. Esse fenômeno geralmente é chamado de percepção extra-sensorial (PES). Supõe-se que existam três variedades básicas de PES:

1   nossa mente está ligada e tem acesso a outras mentes – telepatia;
2   nossa mente agindo conjuntamente com a matéria, vendo e tocando outros objetos, artigos etc. e, através deles, recebendo alguma informação – clarividência;
3   nossa mente ultrapassa as coordenadas do tempo e do espaço e, ao que se supõe, penetra até mesmo no futuro – premonição.

Do ponto de vista das atividades empresariais, é de grande valia desenvolver uma faculdade interior, quaisquer que sejam os processos e maneiras de descrevê-la, que capacite a expandir fontes de informação. Isto ajuda a cultivar a capacidade (e, portanto, as possibilidades que ela contém) de ter os diferentes tipos de introvisão e conexões inovativas que sobem à superfície de nossa mente na forma de intuição.

Todavia, o indivíduo deve ter cuidado e estar sempre atento para, ao longo do tempo, cultivar a capacidade de distinguir entre a autêntica intuição, tal como foi descrita no Capítulo 3, e os seus desejos ou impulsos instintivos, coisa que comumente tem sido chamada de pensamento veleitário. Em geral, a pessoa sente esses ímpetos compulsivos porém os reprime dentro do contexto de modos de vida realistas. Deste modo, esses impulsos permanecem reprimidos no nível do subconsciente – o nível que pode ser descrito, entre outras maneiras, como o dos sonhos desarticulados. Num paradigma regido pelos processos racionais, lógicos e analíticos, a pessoa em geral acha que não deve deixar-se levar pelos seus sonhos por medo de perder o contato com a realidade. Embora isto seja basicamente correto, há certa tendência para o exagero. Para restabelecer o equilíbrio, precisamos explorar de forma mais sistemática a nossa dinâmica interior, conforme descrevemos anteriormente.

Em palavras mais simples, e tendo em mente os novos cenários empresariais que estão emergindo – caracterizados por mudanças aceleradas, complexidade, incerteza e conflitos –, precisamos pensar não apenas com a cabeça mas também com as nossas "entranhas", e desenvolver uma combinação que reflita o que se passa em nosso coração. Em outras palavras, é absolutamente necessário ter a cabeça bem erguida (mas não perdida nas nuvens) e, ao mesmo tempo, ter os pés bem plantados no chão (mas não atolados na lama). Conquanto a essência e a base da visão intuitiva seja a intuição, e embora o processo de visionamento intuitivo envolva o acesso à intuição, isso implica uma interação permanente entre a capacidade de raciocínio de um indivíduo e a energia de suas emoções. Trata-se de uma síntese de todas as três coisas (intuição, razão e emoção), que resulta numa espiral virtuosa de análise, imaginação e inovação (ver a Figura 8.2).

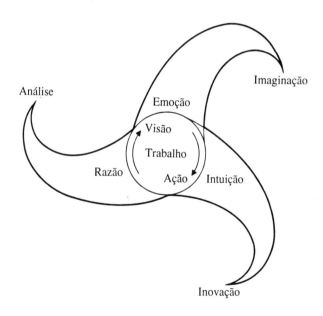

Figura 8.2 O trabalho como visão tornada visível

É através dessa ação conjunta, levada a efeito pelos processos intuitivos, que a pessoa consegue criar uma visão intuitiva, seja individualmente ou na forma de uma visão partilhada no âmbito de uma organização. O processo de partilha da visão intuitiva de um indivíduo gera uma compreensão mais profunda dentro da organização e um sentimento de união e de se pertencer a algo. Isso libera energia positiva e gera a ação para implementar e concretizar a visão partilhada. O trabalho, dessa maneira, é uma visão tornada visível.

Etapa Quatro

Apresentamos abaixo uma breve descrição da seqüência envolvida nesse processo emocional e altamente criativo (ver também Capítulo 4):

1   *Relaxamento:* O primeiro e mais importante passo é estar relaxado em termos de corpo, mente e emoção. Há processos de relaxamento específicos que permitem à pessoa passar pela experiência de estar "concentrada".

2   *Formação de imagens:* Em seguida, a pessoa entrega-se ao processo de formação de imagens e vai até um nível mais profundo de consciência, o qual o conduz a um retiro imaginário, afastado e desligado do ambiente externo.

3   *Simbolização:*

(a) Vida Pessoal:

Recebendo: depois de ser totalmente absorvido pelo seu próprio eu interior, você começa a sonhar e a criar uma imagem daquilo que realmente quer em sua vida pessoal, familiar, em suas relações de amizade e em outras atividades sociais. Deixe a mente pensar de forma cognitiva a respeito da sua vida e, intuitivamente, criar imagens visuais.

Analisando: então, identifique os principais elementos dominantes nessas imagens ou nos cenários com que você sonhou para sua vida pessoal.

(b) Vida Profissional:

Recebendo: então, enquanto permanece neste estado de profundo relaxamento e numa espécie de zona de transição entre o consciente e o subconsciente, comece a fazer perguntas sobre o tipo de atividade ou trabalho com que você gostaria de ocupar-se. Em outras palavras, responda a pergunta: "O que eu realmente desejo fazer em minha vida pública e profissional?", e desenvolva um sonho articulado na forma de uma visão: uma imagem visual ou um símbolo.

Analisando: assim como foi feito para a vida pessoal, identifique os elementos do cenário ou quadro com que se sonhou.

Verbalização: seguindo a mesma seqüência, articule uma declaração verbal que expresse a visão que você tem de sua vida profissional.

Esse processo leva a uma imagem ou símbolo que, de diversas maneiras, pode nos ser útil e estimulante. Primeiramente, isso nos permite

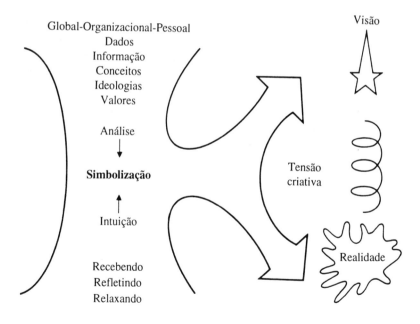

Figura 8.3 Construção intuitiva de visão

tomar consciência de nossa dinâmica interior. Freqüentemente, a pessoa se surpreende quando entra em contato com os seus impulsos mais profundos e tem uma introvisão a respeito daquilo que realmente deseja para a sua vida. Em segundo lugar, isso treina o indivíduo a desenvolver o "pensamento total", aprendendo a linguagem visual da criação de imagens, quadros e símbolos, e equilibrando-os ou sintetizando-os com o pensamento convencional, racional e analítico. Acima de tudo, esse é também um processo muito agradável e energizante (ver Figura 8.3).

Todavia, o desenvolvimento seguinte da Etapa Quatro é fundamental: depois de ter articulado uma visão e uma declaração verbal acerca de sua vida pessoal e profissional, o indivíduo tem de comparar as duas visões. A pessoa em geral encontra algumas convergências e discrepâncias entre elas. Embora o indivíduo no mais das vezes esteja consciente dessa situação, ele na maioria das vezes não iniciou um processo sistemático e consciente de identificação, cristalização e balanceamento dessas complementaridades e divergências. Essas, portanto, muitas vezes se manifestam na forma de tensão e, mesmo, de conflito entre a vida pessoal e a familiar, de um lado, e a vida profissional e empresarial, de outro. Conquanto essa tensão e conflito não possam ser totalmente evitados ou resolvidos, pode-se certamente minimizá-los através de um esforço consciente e deliberado para produzir um alinhamento entre as duas visões e, até mesmo, transformar essa tensão em energia criativa e, desse modo, transformar as emoções negativas em positivas. Num nível mais profundo, isso também capacita a pessoa a transformar a sua própria postura, tornando-se menos reativa e mais ativa. Isso tem uma importância cada vez maior não só para a vida pessoal do indivíduo mas também para a vida de uma empresa.

Em outras palavras, há três estágios envolvidos na Etapa Quatro da criação de uma visão intuitiva em equilíbrio – isto é, uma visão sintetizada a partir das visões pessoal e profissional:

1   desenvolvimento de uma visão pessoal intuitiva;
2   desenvolvimento da visão profissional da pessoa;
3   desenvolvimento de uma visão intuitiva individual harmoniosa através do equilíbrio entre os dois estágios mencionados acima.

Etapa Cinco

A próxima etapa constitui o desenvolvimento de uma visão intuitiva partilhada ou consensual e de uma correspondente declaração verbal através de um processo de discussão e partilha dentro do grupo. Esse é um dos processos mais compensadores e eficazes de aglutinamento dentro de uma organização. Ele envolve uma ação conjunta de múltiplos estágios e a partilha de visões individuais, intuitivas e em harmonia (pessoais e profissionais) em grupos pequenos. Isso pode começar em qualquer nível, em cima ou embaixo, e difundir-se através da organização. Raramente haverá uma visão completamente partilhada ou totalmente idêntica em todas as partes da organização. Todavia, haverá pelo menos um amplo consenso a respeito dos principais elementos e do sentido da visão.

O que realmente importa na Etapa Cinco é o processo. Ao partilhar as imagens visuais ou símbolos, há tanta diversão e introvisão, tanta ressonância com os colegas ao articular uma declaração verbal, que ocorre uma sintonização fina num nível mais profundo. Esse processo de desenvolvimento de uma visão partilhada torna-se uma espécie de denominador comum que alinha todas as diversas forças e influências existentes dentro de uma organização, colocando-as num mesmo caminho e direção.

Resumindo, em toda visão – visão pessoal de vida, visão profissional de vida, visão intuitiva individual e visão intuitiva partilhada – existem três aspectos:

1 uma imagem, quadro ou símbolo;
2 os principais elementos desses componentes visuais;
3 uma declaração verbal incorporando esses elementos.

Visionamento Integrativo

Etapa Seis

Tendo desenvolvido as visões partilhadas – a reflexiva e a intuitiva – temos agora de ultrapassá-las e integrá-las, comparando-as e sintetizando-as ou balanceando-as. A visão resultante é a visão integrativa.

Essa, então, torna-se a força propulsora da vida e também indica as atividades e prioridades relevantes para o futuro imediato (ver as Figuras 8.4 e 8.5, abaixo).

Conforme mostra a Figura 8.4, todo o processo de desenvolvimento de uma visão integrativa é basicamente um processo de aprendizado e capacita o indivíduo a desenvolver uma cultura de aprendizado dentro de si mesmo, de sua família ou de qualquer organização. Embora o processo de desenvolvimento de uma visão reflexiva estimule as faculdades intelectuais e imaginativas do indivíduo, ela ainda se insere na estrutura de uma visão "responsável" da realidade e das possibilidades futuras. Os processos intuitivos libertam o indivíduo desse estado e facilitam uma espécie de salto quântico ou criativo. O verdadeiro desafio é o de nos engajarmos permanentemente num processo de aprendizado que tem por objetivo a integração entre os dois níveis de visionamento. Tal como no caso da elaboração de uma síntese entre as visões intuitivas pessoal e profissional, haverá uma contínua tensão criativa entre as visões intuitiva e reflexiva.

Etapa Sete

Agora, a parte mais interessante, a Etapa Sete, consiste em usar o processo de visionamento e simbolização para influenciar a situação existente ou a realidade corrente de uma maneira que nos ajude a impelir a realidade corrente rumo à visão do estado futuro desejado. Isso envolve três estágios de simbolização:

1   símbolos do futuro desejado (que chamamos de visão);
2   símbolos da realidade corrente;
3   símbolos dos vários estados intermediários, cada um dos quais indicando mudanças em cada estágio ao longo do tempo, através das quais a realidade corrente poderia ser impelida rumo ao estado visionado.

Haverá uma estrutura temporal para cada estágio.

O objetivo final é o de levar esse processo para todos os níveis da organização. Qualquer que seja o nível de sua atuação, você mobiliza as

Realidade atual

Visão (estado futuro)

Realidade atual

Visão

Realidade atual

Visão (estado futuro)

Realidade atual

Visão

Realidade atual

Visão (estado futuro)

Realidade atual

Visão

equipes, unidades, divisões ou departamentos – o que quer que haja na organização – para que, no final, haja uma visão partilhada no nível da corporação. Isso se torna uma verdadeira energia propulsora, um vigoroso impulso através de toda a organização. Em outras palavras, acontecem basicamente duas coisas. Primeiramente, a corporação é posicionada *vis-à-vis* ao ambiente exterior, consistindo em clientes e competidores, de uma maneira muito diferente daquela a que se chega por meio dos processos convencionais de planejamento. Em segundo lugar, toda a organização é galvanizada para um único propósito, para a concretização da visão corporativa.

Tendo em mente a relevância, importância e, até mesmo, a urgência desse processo no contexto contemporâneo da administração de empresas, poder-se-ia querer criar uma palavra especial para isso e chamá-lo de "visonância". Esse seria o princípio organizador de uma empresa ou de qualquer atividade organizada. Ele traz de fato um quê de romance para a administração, e sua característica essencial é a excelência – durável excelência.

Em outras palavras, ele gera uma ressonância (sintonização) com o indivíduo, e uma congruência (alinhamento entre a vida pessoal e profissional de um indivíduo e sua partilha com os colegas) na família e/ou no trabalho. Ele também cria a base para a delegação de poderes dentro da organização, conduzindo a um melhor desempenho e senso de realização (Figura 8.4).

Figura 8.4 Desenvolvimento de uma visão integrativa

Etapa Oito

A etapa seguinte é a transformação da visão partilhada e integrada num plano de ação, o qual deve indicar claramente quem deve fazer o que, quando e com quais recursos. Essa etapa é obviamente a mais importante e tem de ser processada com o máximo de participação e dedicação em todos os níveis.

Etapa Nove: Um Processo que Nunca Tem Fim

A verdadeira dinâmica dentro da organização – no sentido de principal "tema" da organização – seria, portanto, uma revisão permanente da visão partilhada do futuro, da maneira de encarar a realidade corrente a partir da perspectiva dessa visão e de um plano de ação relevante. Visão não é uma solução para um problema. Se for encarada dessa maneira, quando o problema do moral baixo ou da orientação estratégica ambígua desaparecerem, a energia por trás da visão terá o mesmo destino. A construção de uma visão partilhada deve ser vista como o elemento central da atividade diária dos líderes. Trata-se de um processo permanente e que nunca tem fim.[9] A natureza contínua desse processo é destacada na Figura 8.1. Uma visão, essa jornada para o interior de um território desconhecido e não-mapeado, tem de ser recalibrada vezes e vezes seguidas. Isso requer tino comercial, força de caráter e coragem. Isso é o que têm demonstrado os desbravadores através dos tempos. Conforme George Santayana certa vez disse: "Colombo descobriu um novo mundo e não tinha nenhum mapa, salvo aquele que a Fé havia decifrado nos céus."

Conclusão

À primeira vista, tudo isso pode parecer um tanto complexo e, até mesmo, causar certa apreensão. Depois que o indivíduo tiver passado algumas vezes por esse processo, porém, este torna-se muito lúcido, natural e quase automático. É apenas uma questão de desenvolver uma nova capacidade. Assim como no caso de qualquer outra capacidade, seu desenvolvimento requer um pouco de tempo e esforço; entretanto, se a pessoa for determinada e se dedicar a esse desenvolvimento com plena fé e confiança no processo, isso requererá muito menos tempo e esforço do que se imagina. No final, tal procedimento poderá tornar-se uma maneira natural de pensar, uma maneira de viver.[10]

Quando combinados, os três processos – visionamento reflexivo, intuitivo e integrativo – levam a um desempenho ótimo sustentado, que é a meta de qualquer organização. A Figura 8.5 mostra os estágios da visão como uma espiral virtuosa permanente: primeiramente, desenvolver uma compreensão do que quer que esteja sendo visto no ambiente externo; depois, olhar para dentro do seu próprio ambiente interno, ou dinâmica interna, e desenvolver aquilo que se poderia chamar de introvisão; e, em seguida, integrar a sua introvisão a essa. A combinação ou síntese dessas duas gerará aquilo que poderia ser chamado de introvisão. Ao permanecer em contato com essa introvisão, a pessoa desenvolve uma *perspectiva* no contexto do ambiente externo e atua na vida de acordo com essa perspectiva.

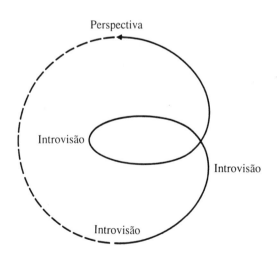

Figura 8.5 Estágios de uma visão

O interessante é que a perspectiva ou ponto de vista do indivíduo – as posturas que regem sua atuação no mundo externo – não constitui uma abordagem reativa ou *ad hoc* mas sim uma abordagem ativa. Trata-se de uma atitude arraigada, interligada e integrada que se baseia numa percepção, conexão e aplicação mais criativas (e não-reativas) dos desejos e tendências que o indivíduo tem em sua vida.

Para repetir uma metáfora bem conhecida: num canteiro de obras, onde vários trabalhadores estavam cortando pedra, um operário comum diria "Estou cortando pedra"; um outro trabalhador, mais inteligente, mais bem treinado e mais especializado, diria "Estou convertendo a pedra em blocos com formas específicas"; um trabalhador visionário diria "Estou construindo uma catedral". Pode-se facilmente inferir a significativa diferença que esse desempenho motivado pela visão iria fazer tanto para a qualidade do trabalho como para os sentimentos do trabalhador, durante e após o trabalho. Por meio dos processos descritos aqui, torna-se possível ter a visão de uma catedral mesmo quando se está realizando um trabalho relativamente monótono como o de cortar pedras. Mais poderosa ainda é a conhecida história de Michelangelo e da estátua de Davi de sua autoria. Quando lhe perguntaram como havia conseguido criar uma obra-prima a partir de um simples bloco de mármore, consta que ele disse que isso foi muito simples: ao olhar para o mármore ele teve uma visão de Davi e, depois, tudo o que fez foi tirar o que "não era Davi".

É também importante observar que esse processo de visionamento intuitivo, se perseguido em caráter permanente, eleva-nos do estágio de "ter" uma visão para um nível em que ficamos tão intensamente absorvidos e identificados com ela que, por assim dizer, "tornamo-nos" a nossa visão. Levando isso para o nível da empresa, nessa identificação com a visão empresarial partilhada o indivíduo percebe a sua visão como parte da visão da empresa e, portanto, vê-se operando na empresa como um instrumento facilitador para a concretização da visão empresarial. Essa é uma mudança muito significativa – da postura de operar rumo à visão para a de operar a partir de uma visão. Isto realmente faz uma diferença. Trata-se de uma mudança transformativa que deixa de lado uma cultura organizacional e convencional voltada para a solução de problemas, e que fica presa no ciclo problema/solução, e a substitui por uma cultura impulsionada por uma visão, em que os problemas aparecem como oportunidades para a ampliação do contexto – em certo sentido, fazendo com que as limitações ou a adversidade trabalhem a seu favor. Essa é uma mudança daquilo que poderia ser chamado de desenvolvimento da organização para a transformação organizacional, de um modo "doente", carregado de problemas, para um modo "sadio", inspirado por uma visão (ver a Figura 8.6).

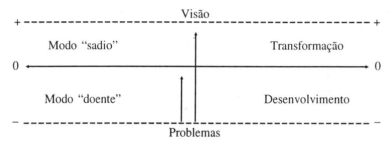

Figura 8.6 Mudança transformativa

Outro ponto importante é que a própria percepção da realidade atual muda se a pessoa estiver operando a partir de uma visão. Através da ótica da visão do futuro, a visão da realidade atual começa a parecer diferente da que o indivíduo comumente percebe através das lentes da solução de problemas. Recordando mais uma vez a história de Michelangelo, pode-se facilmente ver a diferença entre a maneira comum de olhar para um bloco de mármore e a maneira de encarar a mesma rocha quando se vê Davi dentro dela. Isso é transformativo no verdadeiro sentido da palavra: em termos de percepção da rocha, da conexão entre o trabalho do indivíduo (criação de um Davi) e a realidade corrente (rocha comum), e da aplicação e direcionamento das energias da pessoa (estratégias e ferramentas).

Além do mais, não apenas a realidade atual é encarada de outra forma, de um ponto de vista individual, como também, no nível da empresa, esse processo pode contribuir para o desenvolvimento de um consenso ou visão partilhada da realidade atual. Muitas vezes, o problema frustrante enfrentado por muitos administradores de hoje é a existência de dificuldades quase irreconciliáveis, mesmo nos níveis administrativos mais elevados, quanto à percepção, interpretação e julgamento da realidade atual, e quanto aos pontos fortes e fracos, às possibilidades e perigos da situação atual da organização. Com o processo acima mencionado, essas dificuldades são amenizadas. De fato, há um consenso construtivo quanto às divergências e convergências percebidas nos diversos pontos de vista acerca da realidade corrente. A tentativa, então – com a energia proporcionada pela visão, que faz a equipe funcionar –, é no sentido de constantemente aumentar a convergência e superar ou minimizar a divergência.

Não é improvável que uma pessoa possa enfrentar dúvidas ou questionamentos interiores relacionados a esse processo, o qual, embora seja interessante, parece ser não apenas incomum mas também, num certo sentido, "remoto". Esse processo é de fato relevante no frio e inflexível mundo dos negócios? Esse tipo de coisa pode realmente funcionar? Isso não é próprio de pessoas excessivamente sonhadoras ou indolentes? Isso também não implica gastar tempo demais com esses processos? Nas atividades empresariais e, particularmente, neste mundo que se modifica rapidamente, temos de tomar decisões muito rápidas e com poucos dados; esse processo não seria demasiado lento? Mesmo se alguém ficar interessado, esse não seria um tipo de luxo que não podemos sustentar nos dias de hoje? Além do mais, isso não parece estar suficientemente sedimentado e poderá nos afastar demasiadamente do nosso caminho.

Mesmo aquele que tiver posto de lado todas as dúvidas ainda poderá perguntar-se: mesmo que isso funcione, e daí? Se até agora tenho tido sucesso do modo como venho pensando e operando, por que deveria me envolver com algo que parece ser um tanto arriscado e que poderá até mesmo colocar em risco a minha trajetória de sucessos, caso eu me disponha a fazer algo tão diferente daquilo que tenho feito até o momento? Uma outra fonte de reforço para essa resposta negativa é a noção de que alguém não é capaz de criar uma verdadeira imagem visual em sua mente ou, mesmo, de articular e visualizar claramente aquilo que realmente quer. Portanto, "Isso não é para mim."

Esses pensamentos, perguntas e preocupações são perfeitamente compreensíveis e podem surgir na mente de qualquer um; neste caso, no entanto, estaremos discutindo a importância de que a nossa contribuição para o mundo faça realmente uma diferença no rumo dos acontecimentos. Não seria correto dizer que, se queremos que a nossa contribuição faça diferença, então temos de pensar e de operar de forma diferente? Fazer com mais intensidade o mesmo que vínhamos fazendo e esperar resultados diferentes tem sido considerado uma outra definição de insanidade. Em outras palavras, se não tivermos coragem e não desenvolvermos a capacidade de pensar de forma diferente, existirão grandes chances de ficarmos presos a uma percepção muito limitada num mundo em rápido processo de transformação. Continuaremos onde estamos, mas o mundo vai seguir em frente. Portanto, nos dias de hoje o maior risco talvez seja o de não tomarmos essa providência.

Quando mais não seja, esse processo de visionamento pelo menos cria uma maior clareza e senso de direção dentro do indivíduo, e uma compreensão mais profunda de nossa dinâmica interior. No estágio seguinte, no processo de criação da visão partilhada dentro da própria família, ele cria um sentimento mais profundo de união e solidariedade. Quando isso se estende ao terreno profissional, no ambiente de uma empresa, então o processo de visionamento partilhado também ajuda a gerar uma comunicação mais profunda, um tipo de ligação entre os membros da organização e, em vez do medo, uma genuína sensação de confiança mútua. Esse processo, portanto, resulta na criação de significado e propósitos partilhados com os colegas da vida profissional e gera uma espécie de tranqüilizadora ressonância entre os envolvidos. Essa é a essência de uma equipe montada para ser autêntica e durável. Em outras palavras, uma visão partilhada desenvolve um forte sentimento de co-propriedade e de responsabilidade pelos propósitos e pelos processos da organização.

Essa é a essência do conceito emergente de liderança na criação e facilitação do sucesso. Esta é também uma maneira natural e orgânica de converter aquilo que de outra forma seria uma arena de culturas adversárias e conflitantes – que inevitavelmente resulta em estresse negativo e frustrações – numa afetuosa e saudável atmosfera de genuíno companheirismo. Isto não é apenas mais autêntico e durável; é, acima de tudo, muito agradável e compensador. No mínimo, portanto, este processo de visionamento pode contribuir para levar algum prazer, diversão e alegria para o ambiente de trabalho. Em outras palavras, isso capacita o indivíduo a deixar de operar movido pelo medo da perda e passar a operar inspirado pela alegria de fazer. Para isso precisamos ter acesso e implementar o nosso potencial intuitivo e, também, utilizar a nossa capacidade de reflexão.

Notas

1. Derek F. Channon e David Robinson, *The London and Rhodesian Mining Company Ltd*, estudo de caso (Manchester: Manchester Business School, 1973).

2. Edward de Bono, *Six Thinking Hats* (Boston: Little, Brown and Company, 1985).

3. Noel M. Tichy e Mary Ann Devanna, *The Transformational Leader* (Nova York: John Wiley, 1986), p. 142.

4. *Ibid.* pp. 140.

5. Scandinavian Airlines System SAS (A), estudo de caso por Sandra Vandermerwe, IMD, 1989, p. 10.

6. James F. Bandrowski, *Corporate Imagination Plus* (Nova York: The Free Press, 1990), p. 34. Em 1988 o Citicorp havia se tornado o maior emprestador de dinheiro mediante hipoteca.

7. Xavier Gilbert e Paul Strebel, "Developing competitive advantage", em James Brian Quinn, Henry Mintzberg e Robert M. James (orgs.), *The Strategy Process* (Englewood Cliffs: Prentice-Hall, 1988), p. 79.

8. Warren Bennis e Burt Nanus, *Leaders* (Nova York: Harper & Row, 1985), p. 103.

9. Peter M. Senge, *The Fifth Discipline: The Art and Practice of the Learning Organization* (Nova York: Doubleday, 1990), p. 214.

10. Jagdish Parikh, *Managing Your Self* (Oxford: Blackwell, 1991).

Apêndice 1 Levantamento Internacional Sobre Intuição

Universo do Levantamento

O universo do Levantamento abrange todos os executivos de nível *top* ou *senior* em organizações do setor privado que satisfazem alguns critérios mínimos em termos de tamanho, em nove países selecionados.

NOTA: Para a edição brasileira, como observamos na nota da página 102, reproduzimos somente os relatórios dos levantamentos feitos no Reino Unido, nos Estados Unidos, no Japão e no Brasil.

Embora o setor público tenha uma presença significativa em economias da maior parte dos países, sabe-se que a tomada de decisões neste setor está constantemente sujeita a interferências ou pressões de burocratas, instruções ministeriais arbitrárias, coerção política etc. Portanto, resolveu-se não incluir esse setor no Levantamento.

Percebeu-se também que, mesmo dentro do setor privado, seria necessário estabelecer alguns critérios mínimos com relação ao tamanho da organização, de modo a garantir alguma homogeneidade. O Levantamento foi levado a efeito nos nove países mencionados a seguir, dos quais sete são economias industriais de mercado, um é um país em desenvolvimento de renda média (Brasil) e o outro um país em desenvolvimento de renda baixa (Índia):

1 Áustria
2 França
3 Holanda
4 Suécia
5 Reino Unido
6 Estados Unidos
7 Japão
8 Brasil
9 Índia

Tendo em vista a grande disparidade de níveis econômicos entre os diferentes países, não foi possível estabelecer critérios uniformes quanto ao tamanho das organizações. No caso dos Estados Unidos, o nível de limiar estava em torno de 500 milhões de dólares de vendas por ano, enquanto na Índia o nível correspondente foi de 500 milhões de rúpias (20 milhões de dólares). Na Suécia, as empresas foram especificadas em termos de número mínimo de empregados: 100 para organizações industriais e 50 para organizações de prestação de serviços.

Devemos observar que os Estados Unidos, o Japão e os cinco países europeus (que representam uma boa amostra da Europa) estão entre os países mais industrializados do mundo, enquanto o Brasil e a Índia representam dois níveis diferentes de desenvolvimento econômico entre os países em desenvolvimento. Veremos também que, em termos de cobertura geográfica, a Europa, a América do Norte, a América do Sul, o Extremo Oriente e o sul da Ásia estão representados no Levantamento.

Os nove países respondem por cerca de 30% da população do mundo e representam cerca de 60% do produto bruto mundial.

Com base nos dados disponíveis sobre emprego de civis e nas proporções da força de trabalho empregada na indústria e no setor de serviços em diferentes países (dados disponíveis para 1987/8 foram projetados para 1990) e em certos pressupostos, a população do Levantamento foi estimada em 1.463 milhões (para 1990), com a distribuição mostrada na Tabela A1.1.

Tabela A1.1 População do Levantamento

País	Indústria	Serviços	Total
Áustria	8,4	8,8	17,2
França	44,5	61,7	106,2
Holanda	11,7	20,0	31,7
Suécia	9,3	15,2	24,5
Reino Unido	62,0	83,4	145,4
Estados Unidos	224,5	414,2	638,7
Japão	124,2	174,2	298,4
Brasil	36,3	44,1	80,4
Índia	56,6	64,2	120,8
Total	577,5	885,8	1463,3

O trabalho é mostrado em detalhes na Tabela A1.2. As estimativas dadas podem não ser precisas mas certamente servem para indicar a ordem de magnitude da população de diferentes países. Essas indicações a respeito das proporções relativas são necessárias para se obter médias significativas para a população como um todo (as quais poderiam ser chamadas de médias globais).

Modelo de Amostragem

Pretendeu-se seguir um modelo de amostragem estratificado e com múltiplos estágios, considerando cada país abrangido pelo Levantamento como um estrato e tentando-se fazer uma subestratificação de quatro maneiras diferentes:

Tipo de atividade	Indústria/Serviços
Tamanho da organização	Médio/Grande

No estágio seguinte, foi tentada uma subestratificação mais refinada, com base na área de responsabilidade e sexo:

Área de responsabilidade	Administração geral/Finanças/*Marketing*/Produção (Operações)/Desenvolvimento de Recursos Humanos/Outras
Sexo	Masculino/Feminino

Foi também definido que as organizações e administradores seriam selecionados por amostragem aleatória simples, a partir de estruturas de amostragem desenvolvidas para esse propósito.

As diretrizes acima, junto com o julgamento dos Coordenadores dos diferentes países, constituiu a base para a seleção da população incluída no Levantamento.

Na total, 1312 administradores responderam ao questionário, com a seguinte distribuição:

Áustria	114
França	118
Holanda	89
Suécia	456
Reino Unido	52
Estados Unidos	143
Japão	56
Brasil	204
Índia	80
Total	1312

Questionário

Um questionário estruturado e auto-administrado foi desenvolvido para o Levantamento e acha-se reproduzido no Apêndice 6. Em países onde o inglês não era a língua predominante, usaram-se versões traduzidas do questionário e as respostas obtidas foram traduzidas novamente para o inglês.

Tabulação e Análise

Nas detalhadas tabulações computadorizadas feitas para cada um dos países participantes do Levantamento (ver Apêndices 2-5) e nos Capítulos 5-6, os dados foram distribuídos na seguinte estrutura:

Sexo	Masculino
	Feminino
Idade	Abaixo de 35
	35-44
	45-59
	Acima de 59
Tipo de Organização	Indústria
	Serviços
Área Funcional	Administração geral
	Finanças
	Marketing
	Produção/Operações
	Desenvolvimento de recursos humanos
	Outras
Nível de Administração	*Senior*
	Top
Grau de Intuição	Baixo
	Médio
	Alto

Mais informações sobre os nove países que participaram do Levantamento foram usadas para a tabulação "Todos os países" (Capítulos 5-6), além dos seis conjuntos relacionados acima.

Embora a classificação indústria/serviços tenha sido usada para a seleção de amostras, as outras são classificações de amostragem posterior. Os totais estimados para as populações, juntamente com a distribuição indústria/serviços (conforme mostra a Tabela A1.2), foram usados como base para a definição dos fatores ponderais. Isto aplica-se às tabelas globais ("Todos os países") bem como às tabulações para cada um dos países.

A classificação das organizações em médias ou grandes não foi usada de maneira geral pois não poderia ser obtida em todos os casos e, nos países onde essa classificação estava disponível, as análises não mostraram a existência de diferenças significativas com base nesse critério.

Executivos no nível de presidência e vice-presidência de grupos foram classificados como de nível *top*, e outros como vice-presidentes e gerentes gerais foram agrupados como executivos de nível *senior*. (Procuramos excluir do Levantamento executivos pertencentes aos níveis médio e baixo).

Tabela A1.2 Bases para a estimativa da população total para diferentes países, 1990

Categoria	Unidade	Áustria	França	Holanda	Suécia	Reino Unido	Estados Unidos	Japão	Brasil	Índia	Total
População (1990)	Milhões	7,6	56,2	14,9	8,4	57,1	250,4	123,8	153,8	830,0	1.502,2
Empregos civis	Milhões	3,4	21,2	6,1	4,7	27,2	120,7	60,9	53,8	290,5	588,5
Indústria											
% empregados	%	41	35	32	33	38	31	34	27	13	–
Número de empregados	K	1.394	7.420	1952	1.551	10.336	37.417	20.706	14.526	37.765	133.067
Proporção relevante*	%	60	60	60	60	60	60	60	25	15	–
Empregos relevantes	K	836	4.452	1171	931	6202	22.450	12.424	3.632	5.665	57.763
Administradores senior/top	%	1,0	1,0	1,0	1,0	1,0	1,0	1,0	1,0	1,0	1,0
como % de empregos relevantes											
Número de administradores senior/top	K	8,4	44,5	11,7	9,3	62,0	224,5	124,2	36,3	56,6	577,5
Serviços											
% empregados	%	50	56	63	62	59	66	55	42	17	–
Número de empregados	K	1700	11.872	3.843	2.914	16.048	79.662	33.495	22.596	49.385	221.515
Proporção relevante*	%	40	40	40	40	40	40	40	15	10	–
Empregos relevantes	K	680	4.749	1.537	1.166	6.419	31.865	13.398	3.389	4.938	68.141
Administradores senior/top	%	1,3	1,3	1,3	1,3	1,3	1,3	1,3	1,3	1,3	–
como % de empregos relevantes											
Número de administradores senior/top	K	8,8	61,7	20,0	15,2	83,4	414,2	174,2	44,1	64,2	885,8
População coberta (indústria + serviços)	K	17,2	106,2	31,7	24,5	145,4	638,7	298,4	80,4	120,8	1.463,3

K = 1000

* Proporção relevante = proporção estimada de funcionários empregados em organizações que atendem às especificações do Levantamento.

Dados sobre populações foram extraídos de *World Almanac and Book of Facts 1991*, exceto no caso da Índia, onde a base foram os dados do censo de 1991, ajustados de acordo com o crescimento estimado durante o período interveniente (em relação à época em que este livro foi escrito) de cerca de oito meses.

A fonte para dados sobre empregos em seis países – França, Holanda, Suécia, Reino Unido, Estados Unidos e Japão – é o *Statistical Abstract of the US: 1990* (10.ª edição), Departamento de Comércio dos Estados Unidos da América, *Bureau* do Censo. Essa publicação fornece dados atualizados até 1988; os dados para 1990, mostrados na tabela, são projeções baseadas no crescimento médio entre 1986 e 1988.

No caso da Áustria, o emprego civil foi estimado em 45% da população, enquanto esta proporção foi estimada em 35% para o Brasil e a Índia.

Dados sobre proporções de força de trabalho empregada na indústria e em serviços foram extraídos de *World Development Report 1988*, Nova York, Oxford University Press.

Proporções de emprego civil nos setores industrial e de serviço relevantes para o estudo foram estimadas com base em determinadas informações auxiliares obtidas a respeito de alguns dos países que participaram do Levantamento.

O grau de intuição foi baseado no *escore* desenvolvido pelo Levantamento para cada administrador (ver a questão 2 do questionário no Apêndice 6):

Avaliação	*Escore*
Baixa	0,0-3,5
Média	4,0-6,0
Alta	6,5-10,0

De modo geral, apenas as diferenças estatisticamente significativas foram comentadas nos capítulos e apêndices dedicados ao Levantamento (no nível de significância de 5%).

Apêndice 2 Relatório para o Reino Unido

Perfil dos Administradores

A amostra para o Reino Unido compreende 52 administradores que representam os cerca de 145.400 administradores do país que atendem às especificações do Levantamento. Um perfil dos administradores do Reino Unido, obtido pelo Levantamento, é apresentado na Tabela A2.1.

Tabela A2.1 Perfil dos administradores do Reino Unido na amostra que participou do Levantamento

Categoria	Tamanho da amostra	População estimada (000s)	%	% corrigida para NR*
Sexo				
Masculino	48	133,8	92,0	92,0
Feminino	4	11,6	8,0	8,0
Idade				
Abaixo de 35	2	5,8	4,0	4,0
35-44	16	45,6	31,4	31,4
45-59	31	85,7	58,9	58,9
Acima de 59	3	8,3	5,7	5,7
Tipo de Organização				
Indústria	19	62,0	42,6	42,6
Serviços	33	83,4	57,4	57,4
Área funcional				
Administração geral	28	79,6	54,7	57,0
Finanças	1	2,5	1,7	1,8
Marketing	2	5,8	4,0	4,2
Produção/Operações	11	28,6	19,7	20,5
Desenvolvimento de recursos humanos	4	12,3	8,5	8,8
Outros	4	10,8	7,4	7,7
NR*	2	5,8	4,0	–
Nível de Administração				
Senior	20	54,2	37,3	38,8
Top	30	85,4	58,7	61,2
NR*	2	5,8	4,0	–
Total	52	145,4	100,0	100,0

* NR = Não respondido.

Vemos que (corrigindo as proporções para levar em conta os NR):

- 8,0% dos administradores são do sexo feminino;
- quase dois terços dos administradores são relativamente maduros, tendo 45 anos de idade ou mais.

Além disso, a maioria (61,2%) pertence ao nível *top*, de acordo com as estimativas do Levantamento, porém isso é bastante improvável. A amostra parece incluir alguns proprietários/gerentes de pequenas organizações de prestação de serviços e, assim, pode não ser representativa da população do Reino Unido. As descobertas relatadas nas seções subseqüentes, portanto, devem ser consideradas à luz desta advertência.

Grau de Intuição

Avaliação Objetiva

Pares de Alternativas

As respostas às questões relativas à escolha entre dez pares de alternativas (em que um dos termos indicaria uma inclinação para a Intuição e o outro para a Lógica/Raciocínio) produzem a distribuição mostrada na Tabela A2.2.

Tabela A2.2 Escolha entre os pares de alternativas

Voltada para a Intuição		Voltada para a Lógica/Raciocínio		Grau de não-expressão de preferência (%)
Descrição	Grau da preferência (%)	Descrição	Grau da preferência (%)	
1 Inventar	47,8	Construir	50,0	2,2
2 Visão	63,2*	Senso Comum	34,5	2,2
3 Abstrato	29,8	Concreto	67,9*	2,2
4 Inovador	92,5*	Convencional	5,2	2,2
5 Criativo	69,7*	Analítico	28,1	2,2
6 Idéias	74,7*	Fatos	19,6	5,7
7 Imaginativo	54,2	Realista	43,5	2,2
8 Engenhoso	52,0	Prático	45,8	2,2
9 Fascinante	59,4	Sensato	38,3	2,2
10 Espontâneo	48,0	Sistemático	49,7	2,2

* A preferência observada é estatisticamente significativa (no nível de 5%).
As duas alternativas de cada par foram apresentadas aos respondedores numa seqüência randômica predeterminada (ver a questão 2 do questionário no Apêndice 6).

Vemos que, dos cinco casos em que foram observadas diferenças estatisticamente significativas, em quatro deles o termo associado à Intuição foi preferido ao seu correspondente associado à Lógica/Raciocínio, tendo o inverso acontecido no outro caso. Isso indica, *prima facie*, uma razoável orientação para a Intuição entre os administradores britânicos. Mais adiante, nesta seção, tentamos fazer uma avaliação mais abrangente dos administradores quanto a essa dimensão.

Escore *Global da Intuição*

Atribuindo o valor 1 para cada escolha indicando orientação voltada para a Intuição e 0 para cada escolha voltada para a Lógica/Raciocínio, foi computado um *escore* global para cada administrador que respondeu o questionário. Onde não houve indicação de preferência por um termo sobre outro de um dado par (quando o respondedor assinalou ambas as alternativas ou deixou a seção em branco), foi atribuído um *escore* de 1/2 a cada alternativa; todavia, quando nenhuma preferência foi indicada claramente para pelo menos um dos dez pares de alternativas, a questão foi considerada "Não Respondida" (NR). Fica claro que o *escore* global varia de 0 a 10, com intervalos de 1/2.

Classificação

Com base no *escore* global da Intuição, os administradores foram divididos em três categorias:

Escore	*Categoria*
0,0-3,5	B: Baixa orientação
4,0-6,0	M: Média orientação
6,5-10,0	A: Alta orientação

Poderemos observar que essa classificação foi usada como uma forma padronizada de tabulação das respostas obtidas no Levantamento. Ela é chamada de "avaliação objetiva", em contraste com a "auto-avaliação" efetuada pelos respondedores, a qual é discutida posteriormente.

Distribuição

A classificação acima levou à distribuição mostrada na Tabela A2.3.

A proporção (corrigida) de 41,5%, relativa aos administradores com alta orientação para a Intuição é relativamente grande, corroborando a inferência preliminar baseada numa escolha entre alternativas pareadas, a qual foi discutida anteriormente.

Observamos que 46,3% (corrigida para NR) dos administradores de nível *top* pertencem a essa categoria de alta orientação para a Intuição, contra apenas 34,0% dos administradores *senior*, embora a diferença não seja estatisticamente significativa.

Auto-avaliação

A auto-avaliação dos administradores quanto ao grau de Intuição, numa escala de cinco pontos (variando de muito alta a muito baixa) produziu a distribuição mostrada na Tabela A2.4.

Tabela A2.3 Distribuição baseada na avaliação objetiva da Intuição

Categoria	Baixa (%)	Média (%)	Alta (%)	NR (%)
Sexo				
Masculino	15,1	45,2	39,7	–
Feminino	–	21,8	50,0	28,2
Idade				
Abaixo de 35	–	100,0	–	–
35-44	5,5	50,8	36,5	7,2
45-59	17,7	36,7	45,6	–
Acima de 59	30,4	30,4	39,2	–
Tipo de Organização				
Indústria	–	52,6	42,1	5,3
Serviços	24,2	36,4	39,4	–
Nível de Administração*				
Senior	14,0	52,0	34,0	–
Top	14,8	36,9	44,5	3,8
Total	13,9	43,3	40,6	2,2
(% corrigida para NR)	(14,2)	(44,3)	(44,3)	(41,5)

* NR (= Não respondido) omitido da classificação.

Tabela A2.4 Distribuição baseada na auto-avaliação da Intuição

Categoria	Muito Alta (%)	Alta (%)	Média (%)	Baixa (%)	Muito Baixa (%)	NR (%)
Sexo						
Masculino	8,7	57,0	22,4	9,4	–	2,4
Feminino	43,6	28,2	28,2	–	–	–
Idade						
Abaixo de 35	56,4	43,6	–	–	–	–
35-44	11,1	63,5	19,9	5,5	–	–
45-59	6,8	49,4	28,3	11,8	–	3,8
Acima de 59	30,4	69,6	–	–	–	–
Tipo de Organização						
Indústria	10,5	63,2	21,1	–	–	5,3
Serviços	12,1	48,5	24,2	15,2	–	–
Nível de Administração*						
Senior	14,0	52,0	14,0	14,0	–	6,0
Top	10,6	53,4	30,1	5,9	–	–
Grau de Intuição*+						
Baixo	12,5	12,5	37,5	37,5	–	–
Médio	9,2	50,0	27,6	8,0	–	5,2
Alto	14,1	77,3	8,6	–	–	–
Total	11,4	54,7	22,9	8,7	–	2,2
(% corrigida para NR)	(11,7)	(55,9)	(23,4)	(8,9)	–	–

* NR (= Não respondido) omitido da classificação.
+ Relativa à avaliação objetiva apresentada na Tabela A2.3.

Vemos que dois terços dos administradores atribuíram a si mesmos um *escore* muito alto/alto, sugerindo que a Intuição de modo geral é vista como um atributo positivo pelos administradores.

A proporção de administradores que atribuíram a si mesmos *escores* muito alto/alto aumenta de 25,0%, no grupo baixo, para 62,5% (corrigido para levar em conta os NR), no grupo médio, e para 91,4% no grupo de alta Intuição, sugerindo uma forte associação positiva entre os dois sistemas de avaliação.

Associação Entre as Avaliações

A associação entre os dois sistemas de avaliação pode ser testada estatisticamente produzindo a tabela de contingência apresentada como tabela A2.5.

Tabela A2.5 Avaliação objetiva vs. auto-avaliação

Classificação baseada na avaliação objetiva	Auto-avaliação		
	Média ou Baixa (número)	Muito alta/alta (número)	Total (número)
Baixa	6	2	8
Média	8	13	21
Alta	2	19	21
Total	16	34	50

Administradores cuja classificação é indeterminada em termos uma das duas avaliações foram excluídos desta tabulação cruzada.

Pode-se verificar que o valor de χ^2 para a Tabela A2.5 é 12,03, o qual é significativo no nível de 1%.

O coeficiente de contingência, C, é igual a 0,44:

$$C = \sqrt{\frac{\chi^2}{\chi^2 + N}}$$

$$= \sqrt{\frac{12,03}{12,03 + 50}}$$

$$= 0,44$$

Isso indica uma associação razoavelmente boa entre os dois sistemas de avaliação, o que está mais ou menos de acordo com a inferência feita na análise da subseção precedente.

O Que É Intuição?

Descrições Dadas de Intuição

O questionário usado para o Levantamento começa com convite para que o respondedor descreva o que entende por Intuição, de modo a obter uma resposta não influenciada pela seqüência de perguntas apresentada no questionário. Isso produziu diversas descrições de Intuição dentre as quais as seguintes são as mais importantes:

Descrição	%
Decisão/percepção sem recurso a métodos lógicos/racionais	23,4
Integração de experiência anterior; processamento de informações acumuladas	18,9
Sensação visceral	18,4
Percepção inerente; compreensão inexplicável; sensação que vem de dentro	18,4
Instinto	18,2
Introvisão	9,7
Decisão/solução de problemas sem dados/fatos completos	7,5
Percepção/visão espontâneas	7,5
Voz interior (poderosa); impulso	5,7

O ponto de vista dominante parece ser o de que a Intuição é uma antítese da Lógica/Raciocínio, embora devamos observar que a integração de experiência anterior é a segunda resposta mais freqüente. Além do mais, a sensação visceral e o instinto também ocupam uma posição de destaque.

Vemos que os administradores do Reino Unido mostraram-se muito articulados ao descrever a Intuição.

Expressão Gráfica

A proporção de administradores que expressaram graficamente seu conceito de Intuição é bastante alta (70,2%), indicando o forte interesse dos administradores pelo tema. Esta proporção é significativamente mais alta (73,8%) entre os administradores do sexo masculino do que entre suas colegas do sexo feminino (28,2%):

Categoria	%
Masculino	73,8
Feminino	28,2
Senior	61,2
Top	73,7
Baixa	62,5
Média	61,5
Alta	85,9

As diferenças observadas na segunda e na terceira classificações não são estatisticamente significativas, mas talvez possam ser interpretadas como uma indicação de um padrão mais amplo.

Concordância com Descrições Específicas

O grau de concordância com as três descrições dadas de Intuição (obtidas por meio de três avaliações independentes e não como uma escolha entre três alternativas) pode ser vista na distribuição mostrada na Tabela A2.6.

Tabela A2.6 Grau da concordância com
as três descrições específicas de Intuição

Categoria	Grau da concordância com		
	a(%)	b(%)	c(%)
Sexo			
Masculino	87,6	75,1	44,6
Feminino	50,0	71,8	56,4
Tipo de Organização			
Indústria	84,2	73,7	57,9
Serviços	84,8	75,8	36,4
Nível de Administração*			
Senior	84,7	75,3	32,0
Top	83,5	72,9	54,3
Grau de Intuição*			
Baixo	100,0	37,5	37,5
Médio	81,6	75,3	38,0
Alto	87,1	85,9	53,4
Total	84,6	74,9	45,5

* NR (= Não respondido) omitido da classificação.
(a) Introvisão espontânea baseada em experiência/conhecimento anterior.
(b) Vislumbre de "níveis subconscientes".
(c) Sintonia com "níveis superiores de consciência".

De modo geral, a ordem de concordância com as três descrições é a seguinte:

$$(a) \ e \ (b) > (c)$$

> Significa "tem preferência sobre".

Considerando que os termos "espontâneo", "introvisão" e "experiência anterior" figuram com destaque entre as respostas à questão aberta a respeito do conceito de Intuição do respondedor, talvez não cause surpresa que a descrição (a) seja uma das duas preferidas. É significativo, todavia, que esses três termos sejam vistos como uma combinação harmoniosa e mutuamente compatível (coisa que não acontece em alguns dos outros países).

Veremos que nem "vislumbre" nem "subconsciente" figuram entre as principais respostas à questão aberta acima referida, mas a descrição (b), que compreende esses dois termos-chave, obtém junto aos administradores o mesmo grau de aceitação que a descrição (a).

Vemos que a descrição (c) encontra maior aceitação entre os administradores de nível *top* e no grupo de alto grau de Intuição.

Percepção da Relevância da Intuição

Nas Atividades Empresariais/Administração

A relevância percebida de diferentes áreas funcionais das atividades empresariais/administração quanto à aplicabilidade da Intuição pode ser vista nas seguintes proporções relativas às diferentes áreas:

Área	%
1 Estratégia e planejamento empresarial	83,3
2 Investimento/Diversificação	63,4
3 Aquisições/fusões/associações entre empresas	71,9
4 Finanças	40,6
5 *Marketing*	92,5
6 Relações públicas	85,6
7 Escolha de tecnologia/instalações e equipamento	34,8
8 Produção/Operações	38,8
9 Administração de materiais	33,1
10 Desenvolvimento de recursos humanos	93,0
11 Pesquisa e desenvolvimento	80,9

Comparados aos administradores de outros países, os profissionais do Reino Unido mostraram-se bastante articulados nesse sentido, resultando em proporções relativamente elevadas para as diferentes áreas funcionais. Assim, essas são as principais áreas de aplicação da Intuição no campo das atividades empresariais/administração (não se pretendeu indicar nenhuma ordem de importância):

- estratégia e planejamento empresarial;
- *marketing*;
- relações públicas;
- desenvolvimento de recursos humanos;
- pesquisa e desenvolvimento.

Logo em seguida, vêm duas outras áreas:

- investimento/diversificação;
- aquisições/fusões/associações entre empresas.

O Reino Unido é um dos poucos países participantes do Levantamento em que as aquisições/fusões/associações figuram como uma área importante de relevância percebida da Intuição. Na maioria dos casos, esse item deixou de chamar a atenção, possivelmente porque foi tomado como parte da estratégia e planejamento empresarial.

Vemos que a área financeira e a de produção/operações são as duas principais áreas funcionais que figuram entre as menos importantes em termos de relevância percebida.

Em Outros Campos

Quanto a outras áreas além das atividades empresariais/administração, as seguintes são consideradas mais importantes em termos de sua relevância para a aplicação da Intuição:

Campo	%
Disciplinas específicas (engenharia, medicina, psicologia etc.)	31,4
Arte, teatro, literatura, música etc.	26,8
Esportes	23,4
Relações humanas interpessoais	20,6
Relações familiares	15,4
Política, vida pública	15,4
Amor, casamento	13,7
Religião, busca espiritual	10,9
Educação, ensino	9,2
Pesquisa, invenções	6,2

Vemos que, na percepção dos administradores do Reino Unido, as disciplinas específicas, as belas-artes e os esportes têm precedência sobre as relações humanas/familiares. O fato de que a lista também inclua áreas como política, religião e educação mostra que, na visão desses administradores, o alcance da Intuição é bastante amplo.

Como se Pode Identificar a Intuição?

Meios Declarados de Identificação

A pergunta sobre como a Intuição poderia ser identificada evocou diversas respostas, dentre as quais as seguintes são as mais importantes:

Resposta	%
Forte sentimento interior, emoção	22,9
Tomada de decisões pouco influenciadas pelo raciocínio lógico	18,9
Incapacidade para explicar a conclusão com base nos fatos disponíveis	14,9
Percepção/visão espontâneas	5,7

Devemos notar que o aspecto emocional é visto como um melhor indicador de Intuição do que a tomada de decisões pouco influenciadas pela Lógica/Raciocínio.

Fenômenos Associados

Podemos ver na Tabela A2.7 o grau em que, na percepção dos administradores consultados, a experiência da Intuição vem acompanhada de diferentes fenômenos.

Tabela A2.7 Fenômenos associados

Categoria	(a)Sensorial (%)	(b)Físico (%)	(c)Mental (%)	(d)Emocional (%)
Sexo				
Masculino	31,0	20,5	53,3	78,1
Feminino	–	–	78,2	78,2
Tipo de Organização				
Indústria	26,3	15,8	68,4	89,5
Serviços	30,3	21,2	45,5	69,7
Nível de Administração*				
Senior	24,7	14,0	50,7	76,7
Top	30,1	23,3	61,9	81,4
Grau de Intuição*				
Baixo	25,0	25,0	50,0	75,0
Médio	19,6	9,2	51,2	65,5
Alto	41,1	28,2	58,9	91,4
Total	28,6	18,9	55,2	78,1

* NR (= Não respondido) omitido da classificação.

De forma coerente com o padrão de respostas sobre os meios de identificação, discutidos anteriormente, a percepção majoritária é de que a Intuição vem acompanhada por mudanças nos aspectos emocionais.

Vemos que os diversos fenômenos são associados à experiência da Intuição em maior grau pelos administradores de nível *top* e por aqueles pertencentes ao grupo de alto grau de Intuição, conquanto as diferenças observadas não sejam estatisticamente significativas.

Uso da Intuição

Na Vida Profissional

Quase três em cada cinco administradores afirmaram usar a Intuição e a Lógica/Raciocínio em quase igual proporção em sua vida profissional. Todavia, apenas 7,5% dos administradores usam mais a Intuição, contra uma proporção de 33,3% que usam mais a Lógica/Raciocínio, conforme pode ser visto na Tabela A2.8.

Tabela A2.8 Grau do uso da Intuição na vida profissional

Categoria	Mais a Lógica/Raciocínio (%)	Ambos em quase igual proporção (%)	Mais a Intuição (%)
Sexo			
Masculino	34,3	57,6	8,1
Feminino	21,8	78,2	–
Tipo de Organização			
Indústria	21,1	73,7	5,3
Serviços	42,4	48,5	9,1
Nível de Administração*			
Senior	38,6	52,0	9,3
Top	32,2	61,0	6,8
Grau de Intuição*			
Baixo	62,5	37,5	–
Médio	43,6	56,4	–
Alto	14,1	67,5	18,4
Total	33,3	59,2	7,5

* NR (= Não respondido) omitido da classificação.

Vemos que todos os administradores que usam mais a Intuição na vida profissional estão concentrados no grupo alto. Além do mais, a proporção de administradores que recorrem mais à Lógica/Raciocínio cai acentuadamente, passando de 62,5%, no grupo baixo, para 43,6%, o grupo médio, e 14,1%, no grupo alto, destacando a associação positiva entre a orientação para a Intuição e o grau declarado de seu uso na vida profissional dos administradores.

Na Vida Pessoal

Quase metade dos administradores do Reino Unido afirmaram que usam mais a Intuição em sua vida profissional, enquanto a proporção correspondente para o uso na vida profissional é de apenas 7,5%, conforme foi visto na seção anterior. A proporção de administradores que usam mais a Lógica/Raciocínio declina de forma concomitante, passando de 33,3%, no caso da vida profissional, para 14,4%, quando se trata da vida pessoal. O grau declarado do uso da Intuição é significativamente maior na vida pessoal, e não depende da maneira como os administradores şejam classificados (ver a Tabela A2.9).

Tabela A2.9 Grau do uso da Intuição na vida pessoal

Categoria	Mais a Lógica/Raciocínio (%)	Ambos em quase igual proporção (%)	Mais a Intuição (%)
Sexo			
Masculino	15,7	34,9	49,5
Feminino	–	50,0	50,0
Tipo de Organização			
Indústria	5,3	31,6	63,2
Serviços	21,2	39,4	39,4
Nível de Administração*			
Senior	15,3	40,0	44,7
Top	14,8	33,0	52,2
Grau de Intuição*			
Baixo	50,0	37,5	12,5
Médio	13,2	43,6	43,1
Alto	4,3	23,9	71,8
Total	14,4	36,1	49,5

* NR (= Não respondido) omitido da classificação.

Vemos que a proporção de administradores que usam mais a Intuição sobe significativamente, passando de 12,5%, no grupo baixo, para 43,1%, no grupo médio, e para 71,8% no grupo alto, indicando uma forte associação entre orientação para a Intuição e o uso da Intuição na vida pessoal.

Exemplos Concretos

A proporção de empresários que puderam citar casos específicos em que usaram verdadeiramente a Intuição em sua vida profissional/pessoal é bem alta – 65,7%. O significado disso se evidencia quando se nota que os empresários em questão não apenas afirmaram que usaram a Intuição na prática, mas deram detalhes de aplicações específicas.

A proporção acima aumenta significativamente de 62,5% no grupo baixo e 46,0% no grupo médio para 85,9% no grupo alto (a diferença entre os grupos baixo e médio não é estatisticamente significativa), reforçando mais a inferência levada a efeito anteriormente com respeito à associação positiva entre orientação da Intuição e uso real da Intuição na vida profissional/pessoal.

Opiniões Sobre Certos Conceitos

Pediu-se aos respondedores que indicassem em que grau concordavam ou não com cada uma das dez afirmações, e as respostas foram obtidas numa escala de cinco pontos, variando de "forte concordância" a "forte discordância". Baseado nessas respostas, um índice compósito com variação de 0 a 100 foi elaborado atribuindo-se valores a respostas diversas do modo como segue:

Forte concordância	100
Concordância	75
Não sabem dizer	50
Discordância	25
Forte discordância	0

Escolhendo-se os fatores de avaliação apropriados, o índice pode ser elaborado para uma dada categoria bem como para o conjunto.

Os índices do conjunto elaborados para diversas afirmações são do modo como segue:

Afirmação	*Índice*
1 Muitos administradores *senior* usam a Intuição ao tomar decisões, ao menos em certo grau.	83,5

2	Capacidades intuitivas superiores contribuíram para um maior sucesso nos negócios.	78,9
3	A Intuição contribui para relacionamentos harmoniosos entre as pessoas.	78,1
4	A Intuição é uma característica mais associada às mulheres do que aos homens.	58,8
5	Poucos administradores que usam a Intuição admitiriam isso publicamente.	49,6
6	Quanto mais intuitiva for a pessoa, mais bem-sucedida será na vida.	56,2
7	A Intuição não pode ser bloqueada.	41,9
8	A Intuição tem um papel a desempenhar em quase todos os aspectos da vida.	78,9
9	A Intuição pode ser cultivada/estimulada.	68,7
10	Não é seguro recorrer à Intuição nas atividades empresariais/administração.	51,4

Assim, há um bom grau de concordância* quanto às seguintes afirmações:*

- muitos administradores usam a Intuição (1);
- a Intuição contribui para o sucesso nos negócios (2);
- a Intuição contribui para relacionamentos harmoniosos entre as pessoas (3);
- a Intuição tem um papel a desempenhar em quase todos os aspectos da vida (8);
- a Intuição pode ser cultivada/estimulada (9).

Vemos que o grau da concordância é mais baixo (41,9%) no caso da sugestão de que a Intuição não pode ser bloqueada, o que está de acordo com o grau razoavelmente alto de concordância com a proposição de que a Intuição pode ser cultivada/intensificada (que é, de certa maneira,

---

* Um índice de 65 ou mais foi considerado um "bom" grau de concordância.

o outro lado da moeda). Em outras palavras, a opinião geral parece ser de que tanto é possível cultivar/intensificar a Intuição como bloqueá-la.

Vemos também que a sugestão de que a Intuição contribui para o sucesso na vida (6) não encontra o mesmo grau de aceitação que a proposição mais restritiva de que a Intuição contribui para o sucesso nos negócios (2). Assim, conquanto os administradores pareçam acreditar que a Intuição é mais relevante para a vida profissional, lembrando o que foi analisado na seção anterior, as afirmações dos administradores parecem indicar que eles usam a Intuição mais intensamente na vida pessoal do que na profissional. Esta aparente contradição provavelmente tem algo que ver com o modo como as proposições foram formuladas: a afirmação 6 é claramente mais incisiva do que a afirmação 2.

Maneiras de Ver Determinados Aspectos

Os pontos de vista sobre determinados aspectos da Intuição foram investigados avaliando-se a concordância com as seguintes proposições; os valores ao lado mostram as proporções de administradores que concordam com cada proposição:

Proposição	%
Dependência da Intuição relativamente ao ambiente exterior	23,4
Possibilidade de induzir a Intuição em outras pessoas	42,3
Possibilidade de a Intuição ser um processo de grupo	40,6
Possibilidade de aumentar a Intuição através de exercícios/treinamentos específicos	50,3

Em concordância com o padrão observado nos outros países, a proporção é mais alta para a possibilidade de aumentar a Intuição através de práticas ou treinamentos específicos. Isso está de acordo com afirmações analisadas anteriormente relativas à possibilidade de induzir a Intuição em outros e a possibilidade de a Intuição ser um processo grupal também são razoavelmente grandes.

São as seguintes as proporções de administradores que acham que a Intuição deveria fazer parte do currículo em diferentes níveis de instrução:

Nível	%
Escola primária	29,8
Escola secundária	33,3
Faculdade/Universidade	55,0
Instituto de Administração	70,4

Embora haja uma forte concordância de que a Intuição deva ser estudada no nível dos institutos de administração, e o estudo no nível de faculdade/universidade também seja apoiado pela maioria dos administradores, as proporções relativas à conveniência do estudo da administração em escolas primárias e secundárias também não são demasiado baixos. Portanto, de modo geral, o ponto de vista de que a Intuição deva ser parte da instrução formal, em diferentes níveis, encontra ampla aceitação entre os administradores do Reino Unido.

Interesse em Participação Adicional

As proporções dos administradores que indicaram a disposição de pesquisas adicionais, através de diferentes meios, são as seguintes:

Meios	%
Entrevistas pessoais	49,7
Workshops experimentais	34,8
Seminários/Conferências	37,1

Considerando que quase metade dos administradores dispuseram-se a participar até mesmo de entrevistas pessoais – a forma de participação mais direta e que mais exige do participante – pode-se interpretar as proporções acima como uma indicação de um adequado interesse pelo assunto.

Apêndice 3   Relatório para os Estados Unidos

Perfil dos Administradores

A amostra para os Estados Unidos compreende 143 administradores que representam os cerca de 638.700 administradores do país que atendem às especificações do Levantamento. Um perfil dos administradores dos Estados Unidos, obtido pelo Levantamento, é apresentado na Tabela A3.1.

Tabela A3.1 Perfil dos administradores norte-americanos na amostra que participou do Levantamento

Categoria	Tamanho da amostra	População estimada (000s)	%	% corrigida para NR*
Sexo				
Masculino	123	535,6	83,9	83,9
Feminino	20	103,1	16,1	16,1
Idade				
Abaixo de 35	7	33,4	5,2	5,2
35-44	44	194,9	30,5	30,5
45-59	76	333,2	52,2	52,2
Acima de 59	16	77,2	12,1	12,1
Tipo de Organização				
Indústria	90	224,5	35,1	35,1
Serviços	53	414,2	64,9	64,9
Área funcional				
Administração geral	50	279,0	43,7	44,2
Finanças	9	43,7	6,8	6,9
Marketing	9	33,1	5,2	5,2
Produção/Operações	14	72,2	11,3	11,4
Desenvolvimento de recursos humanos	28	112,4	17,6	17,8
Outros	30	90,8	14,2	14,4
NR*	3	7,5	1,2	
Nível de Administração				
Senior	97	406,9	63,7	64,5
Top	43	224,3	35,1	35,5
NR*	3	7,5	1,2	–
Total	143	638,7	100,0	100,0

* NR = Não respondido

Vemos que:

- 16,1% dos administradores são do sexo feminino;
- a maioria (64,3%) dos administradores são relativamente maduros, tendo 45 anos de idade ou mais;
- 35,5% dos administradores pertencem ao nível *top* (proporção corrigida para levar em conta os NR).

Grau de Intuição

Avaliação Objetiva

Pares de Alternativas

As respostas às questões relativas à escolha entre dez pares de alternativas (em que um dos termos indicaria uma inclinação para a Intuição e a outra para a Lógica/Raciocínio) produzem a distribuição mostrada na Tabela A3.2.

Vemos que, dos seis casos em que foram observadas diferenças estatisticamente significativas, em cinco desses casos o termo associado à Intuição foi preferido ao seu correspondente associado à Lógica/Raciocínio, tendo o inverso acontecido no outro caso. Isso indica, *prima facie*, uma boa orientação para a Intuição entre os administradores americanos. Mais adiante, nesta sessão, tentaremos fazer uma avaliação mais abrangente dos administradores quanto a essa dimensão.

Tabela A3.2 Escolha entre os pares de alternativas

Voltada para a Intuição		Voltada para a Lógica/Raciocínio		Grau de não-expressão de preferência (%)
Descrição	Grau da preferência (%)	Descrição	Grau da preferência (%)	
1 Inventar	48,6	Construir	49,8	1,6
2 Visão	54,6	Senso Comum	42,6	2,8
3 Abstrato	38,1	Concreto	59,0*	2,8
4 Inovador	82,7*	Convencional	14,4	2,8
5 Criativo	62,2*	Analítico	35,8	2,0
6 Idéias	75,5*	Fatos	22,9	1,6
7 Imaginativo	59,4*	Realista	38,6	2,0
8 Engenhoso	58,2*	Prático	40,1	1,6
9 Fascinante	47,0	Sensato	51,4	1,6
10 Espontâneo	48,2	Sistemático	48,9	2,8

* A preferência observada é estatisticamente significativa (no nível de 5%).

As duas alternativas de cada par foram apresentadas aos respondedores numa seqüência randômica predeterminada (ver a questão 2 do questionário no Apêndice 6).

Escore *Global da Intuição*

Atribuindo o valor 1 para cada escolha indicando orientação voltada para a Intuição, e 0 para cada escolha voltada para a Lógica/Raciocínio, foi computado um *escore* global para cada administrador que respondeu o questionário. Onde não houve indicação de preferência por um termo sobre outro de um dado par (quando o respondedor assinalou ambas as alternativas ou deixou a seção em branco), foi atribuído um *escore* de 1/2 a cada alternativa; todavia, quando nenhuma preferência foi indicada claramente para pelo menos um dos dez pares de alternativas, a questão foi considerada "Não Respondida" (NR). Fica claro que o *escore* global varia de 0 a 10, com intervalos de 1/2.

Classificação

Com base no *escore* global da Intuição, os administradores foram divididos em três categorias:

Escore	*Categoria*
0,0-3,5	B: Baixa orientação
4,0-6,0	M: Média orientação
6,5-10,0	A: Alta orientação

Poderemos observar que essa classificação foi usada como uma forma padronizada de tabulação das respostas obtidas no Levantamento. Ela é chamada de "avaliação objetiva", em contraste com a "auto-avaliação" efetuada pelos respondedores, a qual é analisada posteriormente.

Distribuição

A classificação acima levou à distribuição mostrada na Tabela A3.3.

Tabela A3.3 Distribuição baseada na avaliação objetiva da Intuição

Categoria	Baixa (%)	Média (%)	Alta (%)
Sexo			
Masculino	21,5	37,3	41,2
Feminino	17,6	30,0	52,4
Idade			
Abaixo de 35	30,8	14,9	54,2
35-44	22,4	40,9	36,7
45-59	16,9	35,3	47,8
Acima de 59	30,0	36,4	33,6
Tipo de Organização			
Indústria	21,1	40,0	38,9
Serviços	20,8	34,0	45,3
Nível de Administração*			
Senior	15,7	35,9	48,4
Top	29,9	35,4	34,7
Total	20,9	36,1	43,0

* NR (= Não respondido) omitido da classificação.

Vemos que, no total, uma boa proporção dos administradores (43,0%) mereceram uma avaliação acima da média (a saber, alta), confirmando a inferência preliminar feita anteriormente com base na escolha entre pares de alternativas.

As diferenças observadas entre os grupos não são estatisticamente significativas.

Auto-avaliação

A auto-avaliação dos administradores quanto ao grau de Intuição, numa escala de cinco pontos (variando de muito alta a muito baixa) originou a distribuição mostrada na Tabela A3.4.

A proporção de administradores que atribuíram a si mesmos um grau muito alto/alto de Intuição é grande (78,7%), sugerindo que, para os administradores americanos, a Intuição é um atributo altamente positivo.

Tabela A3.4 Distribuição baseada na auto-avaliação da Intuição

Categoria	Muito Alta (%)	Alta (%)	Média (%)	Baixa (%)	Muito Baixa (%)
Sexo					
Masculino	16,7	60,8	20,1	2,4	–
Feminino	17,6	67,3	15,2	–	–
Idade					
Abaixo de 35	–	92,5	7,5	–	–
35-44	9,3	59,0	30,5	1,3	–
45-59	19,2	63,1	14,6	3,1	–
Acima de 59	33,2	50,2	16,6	–	–
Tipo de Organização					
Indústria	16,7	64,4	16,7	2,2	–
Serviços	17,0	60,4	20,8	1,9	–
Nível de Administração*					
Senior	15,1	64,1	18,3	2,5	–
Top	20,6	59,7	19,6	–	–
Grau de Intuição*+					
Baixo	3,7	55,7	30,9	9,6	–
Médio	17,7	49,9	32,4	–	–
Alto	22,5	74,8	2,7	–	–
Total	16,9	61,8	19,3	2,0	–

* NR (= Não respondido) omitido da classificação.
+ Relativa à avaliação objetiva apresentada na Tabela A3.3.

A proporção dos administradores do grupo de alto grau de Intuição que atribuíram a si mesmos uma avaliação muito alta/alta quanto à Intuição é de 97,3%, a qual é significativamente mais alta do que as proporções correspondentes de 59,4% para o grupo de baixa Intuição, e de 67,6%, para o grupo intermediário, indicando uma associação positiva entre os dois sistemas de avaliação. As outras diferenças observadas entre os diferentes grupos não são estatisticamente significativas.

Associação Entre as Avaliações

A associação entre os dois sistemas de avaliação pode ser testada estatisticamente, originando a tabela de contingência apresentada como Tabela A3.5.

Tabela A3.5 Avaliação objetiva vs. auto-avaliação

Classificação baseada na avaliação objetiva	Auto-avaliação		
	Média ou Baixa (número)	Muito alta/alta (número)	Total (número)
Baixa	12	18	30
Média	16	38	54
Alta	1	58	59
Total	29	114	143

Pode-se verificar que o χ^2 (que terá 2 graus de liberdade) para a tabela A3.5 é de 22,67, valor que é significativo mesmo no nível de 1%, confirmando a existência de uma boa associação positiva entre os dois sistemas de avaliação.

O coeficiente de contingência, C, é igual a 0,37:

$$C = \sqrt{\frac{\chi^2}{\chi^2 + N}}$$

$$= \sqrt{\frac{22,67}{22,67 + 143}}$$

$$= 0,37$$

Esse valor de C pode ser considerado uma medida da associação entre as duas avaliações.

O Que É Intuição?

Descrições Dadas de Intuição

O questionário usado para o Levantamento começa com o convite para que o respondedor descreva o que entende por Intuição, de modo a obter uma resposta não influenciada pela seqüência de perguntas apresentada no questionário. Isso resultou em diversas descrições de Intuição, dentre as quais as seguintes são as mais importantes:

Descrição	%
Decisão/percepção sem recurso a métodos lógicos/racionais	24,0
Percepção inerente; compreensão inexplicável; sensação que vem de dentro	23,8
Sensação visceral	20,1
Integração de experiência anterior; processamento de informações acumuladas	15,9
Decisão/solução de problemas sem dados/fatos completos	13,3
Introvisão	9,2
Sexto sentido	8,9
Instinto	5,2

Assim, há três conceitos proeminentes de Intuição entre os administradores americanos: (1) um tipo de antítese da Lógica/Raciocínio; (2) percepção inerente/compreensão inexplicável; e sensação visceral.

Vemos também que a lista inclui "sexto sentido" e também "instinto" e "introvisão".

Expressão Gráfica

A proporção de administradores que expressaram graficamente seu conceito de Intuição é bastante alta (82,0%), indicando o forte interesse dos administradores pelo tema. Essa proporção é razoavelmente constante entre as diferentes categorias de administradores:

Categoria	%
Masculino	81,9
Feminino	82,4
Indústria	80,0
Serviços	83,0
Senior	81,1
Top	84,0
Baixa	77,1
Média	83,5
Alta	83,1

Concordância com Descrições Específicas

O grau da concordância com as três descrições dadas de Intuição (obtidas por meio de três avaliações independentes e não como uma escolha entre três alternativas) pode ser vista na distribuição mostrada na Tabela A3.6.

Tabela A3.6 Grau da concordância com
as três descrições específicas de Intuição

Categoria	Grau da concordância com		
	a(%)	b(%)	c(%)
Sexo			
Masculino	88,0	71,4	44,1
Feminino	74,8	97,6	82,4
Tipo de Organização			
Indústria	91,1	68,9	45,6
Serviços	83,0	79,2	52,8
Nível de Administração*			
Senior	87,3	79,4	50,3
Top	83,8	68,0	51,8
Grau de Intuição			
Baixo	76,8	57,4	40,3
Médio	78,7	76,8	45,7
Alto	96,2	83,4	59,0
Total	85,9	75,6	50,3

* NR (= Não respondido) omitido da classificação.
(a) Introvisão espontânea baseada em experiência/conhecimento anterior.
(b) Vislumbre de "níveis subconscientes".
(c) Sintonia com "níveis superiores de consciência".

As diferenças observadas entre os graus de concordância com as diferentes descrições são estatisticamente significativas, e a ordem de aceitação é a seguinte:

$$(a) > (b) > (c)$$

> Significa "tem preferência sobre".

Lembramos que a integração de experiências prévias e a introvisão que podem ser vistas como dois componentes da descrição (a), figuram entre as principais respostas à questão aberta sobre o conceito de Intuição do respondedor (ainda que não com tanta proeminência como algumas outras). As outras descrições não obtêm o mesmo apoio a partir dessas respostas.

Notamos que a descrição (a) encontra um grau de aceitação significativamente maior entre os administradores do grupo de alta Intuição do que entre os outros dois grupos, ao passo que a descrição (b) e a descrição (c) obtêm uma acolhida significativamente maior entre as profissionais do sexo feminino.

Percepção da Relevância da Intuição

Nas Atividades Empresariais/Administração

A relevância percebida de diversas áreas funcionais das atividades empresariais/administração quanto à aplicabilidade da Intuição pode ser vista nas seguintes proporções relativas às diferentes áreas:

Área	*%*
1 Estratégia e planejamento empresarial	92,0
2 Investimento/Diversificação	64,3
3 Aquisições/fusões/associações entre empresas	64,6
4 Finanças	45,1
5 *Marketing*	88,7
6 Relações públicas	76,3
7 Escolha de tecnologia/instalações e equipamento	51,4
8 Produção/Operações	37,8
9 Administração de materiais	34,2
10 Desenvolvimento de recursos humanos	88,0
11 Pesquisa e desenvolvimento	83,1

Assim, são essas as principais áreas de aplicação da Intuição no campo das atividades empresariais/administração (não se pretendeu indicar nenhuma ordem de importância):

- estratégia e planejamento empresarial;
- *marketing*;
- desenvolvimento de recursos humanos;
- pesquisa e desenvolvimento.

Logo em seguida, vêm três outras áreas (uma vez mais, não se pretendeu indicar nenhuma ordem de importância):

- investimento/diversificação;
- aquisições/fusões/associações entre empresas;
- relações públicas.

Os Estados Unidos é um dos poucos países participantes do Levantamento em que as aquisições/fusões/associações foram claramente identificadas como uma área importante de relevância percebida para a aplicação da Intuição.

Vemos que a área financeira e a de produção/operações são as duas principais áreas funcionais que figuram entre as menos importantes em termos de relevância percebida.

Em Outros Campos

Quanto a outras áreas além das atividades empresariais/administração, as seguintes são consideradas mais importantes em termos de sua relevância para a aplicação da Intuição:

Campo	%
Educação, ensino	27,7
Disciplinas específicas (engenharia, medicina, psicologia etc.)	26,9
Arte, teatro, música, literatura, etc.	18,6
Esportes	14,4
Todos os campos	11,7
Relações familiares	8,5
Política, vida pública	8,1
Questões policiais/militares	8,1
Recreação, diversão etc.	6,8
Amor, casamento	6,4
Governo	6,4
Religião, busca espiritual	6,0
Relações humanas/interpessoais	6,0
Crianças (criação, educação etc.)	5,2

É significativo que a educação/ensino e o estudo de disciplinas específicas se encontrem no topo da lista, o que representa uma grande discordância do padrão observado nos outros países. As belas-artes e os esportes figuram com destaque entre os outros campos considerados relevantes para o uso da Intuição.

Como se Pode Identificar a Intuição?

Meios Declarados de Identificação

A pergunta sobre como a Intuição poderia ser identificada suscitou diversas respostas, dentre as quais as seguintes são as mais importantes:

Resposta	%
Forte sentimento interior, emoção	22,2
Incapacidade para explicar a conclusão com base nos fatos disponíveis	20,5
Tomada de decisões pouco influenciadas pelo raciocínio lógico	12,5
Percepção/visão espontâneas	5,6

Portanto, as emoções, a incapacidade para explicar conclusões com bases nos fatos disponíveis e a tomada de decisões pouco influenciada pelo raciocínio lógico foram consideradas as principais características identificadoras da Intuição.

Fenômenos Associados

O grau em que, na percepção dos administradores consultados, a experiência da Intuição vem acompanhada de diferentes fenômenos, pode ser visto na Tabela A3.7.

Tabela A3.7 Fenômenos associados

Categoria	(a)Sensorial (%)	(b)Físico (%)	(c)Mental (%)	(d)Emocional (%)
Sexo				
Masculino	29,7	35,5	70,4	66,5
Feminino	40,3	30,0	55,2	54,8
Tipo de Organização				
Indústria	23,3	28,9	64,4	65,6
Serviços	35,8	37,7	69,8	64,2
Nível de Administração*				
Senior	33,5	33,4	71,1	70,5
Top	28,8	36,9	61,0	53,9
Grau de Intuição				
Baixa	19,5	31,2	69,3	59,7
Média	25,6	41,2	63,4	65,4
Alta	42,2	30,8	71,0	66,4
Total	31,4	34,6	67,9	64,6

* NR (= Não respondido) omitido da classificação.

De forma coerente com o padrão de respostas sobre os meios de identificação, analisados anteriormente, a percepção majoritária é de que a Intuição vem acompanhada por mudanças nos aspectos mental e emocional.

Uso da Intuição

Na Vida Profissional

Quase metade dos administradores afirmaram usar a Intuição e a Lógica/Raciocínio em quase igual proporção em sua vida profissional.

Quanto aos demais, a proporção de administradores que afirmaram usar mais a Intuição é de apenas 8,9%, contra 42,6% que usam mais a Lógica/Raciocínio, conforme pode ser visto na Tabela A3.8.

Tabela A3.8 Grau do uso da Intuição na vida profissional

Categoria	Mais a Lógica/Raciocínio (%)	Ambos em quase igual proporção (%)	Mais a Intuição (%)
Sexo			
Masculino	46,0	45,4	8,6
Feminino	24,8	65,2	10,0
Tipo de Organização			
Indústria	41,1	51,1	7,8
Serviços	43,4	47,2	9,4
Nível de Administração*			
Senior	39,0	51,6	9,4
Top	47,2	44,7	8,1
Grau de Intuição			
Baixo	67,5	26,7	5,9
Médio	51,2	47,7	1,1
Alto	23,3	59,9	16,8
Total	42,6	48,6	8,9

* NR (= Não respondido) omitido da classificação.

Vemos que a proporção de administradores que usam mais a Intuição é de 16,8% no grupo alto, contra 5,9% no grupo baixo e 1,1% no grupo médio. A associação entre orientação para a Intuição e o grau declarado de seu uso na vida profissional torna-se mais clara quando notamos que a proporção dos administradores que usam mais a Lógica/Raciocínio cai de 67,5%, no grupo baixo, e 51,2%, no grupo médio, para um nível significativamente mais baixo de 23,3%, no grupo alto.

Também é possível dizer que as profissionais do sexo feminino usam mais a Intuição na vida profissional, pois apenas 24,8% delas usam mais a Lógica/Raciocínio, contra uma proporção significativamente maior (46,0%) no caso de administradores do sexo masculino.

As outras diferenças observadas não são estatisticamente significativas.

Na Vida Pessoal

A maioria (55,8%) dos administradores americanos afirmaram que usam a Intuição e a Lógica/Raciocínio em quase igual medida em sua vida pessoal. A proporção de administradores que usam mais a Lógica/Raciocínio é significativamente alta (24,5%) em comparação com a porcentagem correspondente (8,9%) relacionada a seu uso na vida profissional. Há uma queda concomitante na proporção de administradores que usam mais a Lógica/Raciocínio, a qual passa de 42,6%, no caso da vida profissional, para 19,7%, no caso da vida pessoal. Esse padrão manifesta-se independentemente da maneira como os administradores são classificados (ver Tabela A3.9).

Tabela A3.9 Grau do uso da Intuição na vida pessoal

Categoria	Mais a Lógica/Raciocínio (%)	Ambos em quase igual proporção (%)	Mais a Intuição (%)
Sexo			
Masculino	20,1	58,4	21,5
Feminino	17,6	42,4	40,0
Tipo de Organização			
Indústria	21,1	54,4	24,4
Serviços	18,9	56,6	24,5
Nível de Administração*			
Senior	20,7	59,8	19,5
Top	17,3	48,3	34,4
Grau de Intuição			
Baixo	29,1	57,6	13,3
Médio	23,3	60,2	16,5
Alto	12,0	51,4	36,6
Total	19,7	55,8	24,5

* NR (= Não respondido) omitido da classificação.

A proporção de administradores que usam mais a Intuição é significativamente maior no grupo de alto grau de Intuição (36,6%), comparada aos 13,3% do grupo de baixa Intuição e aos 16,5% do grupo médio. Isso mostra que, assim como no caso da vida profissional, os administradores mais orientados para a Intuição afirmam usá-la em sua vida profissional em maior grau do que aqueles com uma baixa orientação.

A distribuição acima também indica que o grau do uso da Intuição na vida pessoal é maior entre administradores do sexo feminino do que entre os administradores do sexo masculino, e maior entre os administradores de nível *top* do que entre os de nível *senior*, embora as diferenças não sejam estatisticamente significativas.

Exemplos Concretos

A proporção de administradores que puderam citar exemplos específicos de onde eles tinham realmente usado a Intuição em sua vida profissional/ pessoal (76,3%) é bastante alta – na verdade, a maioria deles (53,1%) citou dois exemplos individualmente. Essa proporção é particularmente alta entre as profissionais do sexo feminino (87,6%) e no grupo de alto grau de Intuição (85,1%).

Opiniões Sobre Certos Conceitos

Os respondedores foram solicitados a indicar em que grau concordavam com cada uma dentre dez afirmações que lhes eram apresentadas, ou discordavam delas, e as respostas foram obtidas numa escala de cinco pontos, variando de "Forte concordância" a "Forte discordância". Com base nessas respostas, chegou-se a um índice composto variando de 0 a 100, o qual foi obtido atribuindo-se os seguintes pesos às respostas:

Forte concordância	100
Concordância	75
Não sei dizer	50
Discordância	25
Forte discordância	0

Mediante a escolha dos fatores de avaliação apropriados, o índice pode ser obtido para determinada categoria e também para o agregado.

São os seguintes os índices agregados obtidos para as diferentes afirmações:

Afirmação	Índice
1 Muitos administradores *senior* usam a Intuição ao tomar decisões, ao menos em certo grau.	82,6
2 Capacidades intuitivas superiores contribuíram para um maior sucesso nos negócios.	78,5
3 A Intuição contribui para relacionamentos harmoniosos entre as pessoas.	74,6
4 A Intuição é uma característica mais associada às mulheres do que aos homens.	52,2
5 Poucos administradores que usam a Intuição admitiriam isso publicamente.	56,2
6 Quanto mais intuitiva for a pessoa, mais bem-sucedida ela será na vida.	60,4
7 A Intuição não pode ser bloqueada.	39,4
8 A Intuição tem um papel a desempenhar em quase todos os aspectos da vida.	81,4
9 A Intuição pode ser cultivada/estimulada.	72,2
10 Não é seguro recorrer à Intuição nas atividades empresariais/administração.	29,1

Assim, há um bom grau de concordância* quanto às seguintes afirmações:

- muitos administradores usam a Intuição (1);
- a Intuição contribui para o sucesso nos negócios (2);
- a Intuição contribui para relacionamentos harmoniosos entre as pessoas (3);

* Um índice de 65 ou mais foi considerado um "bom" grau de concordância.

- a Intuição tem um papel a desempenhar em quase todos os aspectos da vida (8);
- a Intuição pode ser cultivada/estimulada (9).

Vemos que a sugestão de que a Intuição contribui para o sucesso na vida (6) não encontra o mesmo grau de aceitação da proposição mais restritiva de que a Intuição contribui para o sucesso nos negócios (2). Assim, conquanto os administradores pareçam acreditar que a Intuição é mais importante para a vida profissional, recordando o que foi analisado na seção anterior, vemos que as afirmações dos administradores parecem indicar que eles usam a Intuição mais intensamente na vida pessoal do que na profissional. Esta aparente contradição provavelmente tem algo que ver com o modo como as proposições foram formuladas: a afirmação 6 é claramente mais incisiva do que a afirmação 2.

Vemos também que a sugestão negativa de que não é seguro recorrer à Intuição nas atividades empresariais/administração (10) foi firmemente rejeitada, reforçando a inferência sobre a relevância percebida da Intuição nessa área.

Maneiras de Ver Determinados Aspectos

Os pontos de vista sobre determinados aspectos da Intuição foram investigados avaliando-se a concordância com as proposições que se seguem; os valores ao lado mostram as proporções de administradores que concordam com cada proposição:

Proposição	%
Dependência da Intuição relativamente ao ambiente exterior	38,6
Possibilidade de se despertar a Intuição em outras pessoas	31,4
Possibilidade de a Intuição ser um processo de grupo	49,8
Possibilidade de aumentar a Intuição através de exercícios/treinamentos específicos	63,6

A proporção um tanto alta no que concerne à eficácia do treinamento está de acordo com a resposta à afirmação 9, já examinada anteriormente, a qual aborda a possibilidade de se cultivar/intensificar a Intuição.

São as seguintes as proporções de administradores que acham que a Intuição deveria fazer parte do currículo em diferentes níveis de instrução:

Nível	*%*
Escola Primária	44,4
Escola Secundária	54,9
Faculdade/Universidade	67,3
Instituto de Administração	80,9

Assim, a proporção de administradores que apóiam a inclusão da Intuição no currículo aumenta progressivamente com o grau das instituições, alcançando um nível de 80,9% com relação ao estudo no nível de institutos de administração.

Interesse em Participação Adicional

As proporções dos administradores que indicaram a disposição de pesquisas adicionais, através de diferentes meios, são as seguintes:

Meios	*%*
Entrevistas pessoais	48,3
Workshops experimentais	37,1
Seminários/Conferências	41,1

Considerando as exigências que a participação nesse tipo de pesquisa impõe ao tempo do participante, as proporções acima podem ser consideradas uma indicação de um bom grau de interesse pelo assunto entre os administradores americanos.

Apêndice 4 Relatório para o Japão

Perfil dos administradores

A amostra para o Japão compreende 56 administradores que representam os cerca de 298.400 administradores do país que atendem às especificações do Levantamento. Um perfil dos administradores japoneses, obtido pelo Levantamento, é apresentado na Tabela A4.1.

Tabela A4.1. Perfil dos administradores japoneses na amostra que participou do Levantamento

Categoria	Tamanho da amostra	População estimada (000s)	%	% corrigida para NR*
Sexo				
Masculino	47	252,8	84,7	87,9
Feminino	7	34,9	11,7	12,1
NR*	2	10,7	3,6	–
Idade				
Abaixo de 35	6	21,6	7,2	7,5
35-44	20	106,0	35,5	36,8
45-59	25	149,3	50,0	51,9
Acima de 59	3	10,8	3,6	3,8
NR*	2	10,7	3,6	–
Tipo de Organização				
Indústria	29	104,2	34,9	41,6
Serviços	18	146,2	49,0	58,4
NR*	9	48,0	16,1	–
Área funcional				
Administração geral	19	123,4	41,4	51,5
Finanças	–	–	–	–
Marketing	8	37,8	12,7	15,8
Produção/Operações	8	42,3	14,2	17,7
Desenvolvimento de recursos humanos	–	–	–	–
Outros	10	35,9	12,0	15,0
NR*	11	59,0	19,8	–
Nível de Administração				
Senior	31	152,8	51,2	65,8
Top	12	79,4	26,6	34,2
NR*	13	66,2	22,2	–
Total	56	298,4	100,0	100,0

*NR = Não respondido

Vemos que (corrigindo as proporções para levar em conta os NR):

- 12,1% dos administradores são do sexo feminino;
- mais da metade dos administradores são relativamente maduros, tendo 45 anos de idade ou mais;
- cerca de um terço dos administradores pertencem ao nível *top*.

Podemos notar aqui que a proporção de falta de resposta é incomumente alta quando se trata do tipo de organização, de área funcional e do nível de administração. Isto se reflete, entre outras coisas, na falta de qualquer representação identificável, na amostra, das áreas de finanças e de desenvolvimento de recursos humanos.

Grau de Intuição

Avaliação Objetiva

Pares de alternativas

As respostas às questões relativas à escolha entre dez pares de alternativas (onde um dos termos indicaria uma inclinação para a Intuição e a outra para a Lógica/Raciocínio) resultam na distribuição mostrada na Tabela A4.2.

Tabela A4.2. Escolha entre os pares de alternativas

Voltada para a Intuição		Voltada para a Lógica/Raciocínio		Grau de não-expressão de preferência (%)
Descrição	Grau da preferência (%)	Descrição	Grau da preferência (%)	
1 Inventar	35,2	Construir	62,1*	2,7
2 Visão	84,0*	Senso Comum	13,3	2,7
3 Abstrato	33,8	Concreto	63,5*	2,7
4 Inovador	63,8*	Convencional	33,5	2,7
5 Criativo	86,4*	Analítico	10,8	2,7
6 Idéias	71,6*	Fatos	25,7	2,7
7 Imaginativo	60,6	Realista	36,7	2,7
8 Engenhoso	43,4	Prático	53,9	2,7
9 Fascinante	72,8*	Sensato	24,4	2,7
10 Espontâneo	63,3*	Sistemático	34,0	2,7

* A diferença observada é estatisticamente significativa (no nível de 5%).
As duas alternativas de cada par foram apresentadas aos respondedores numa seqüência determinada ao acaso (ver a questão 2 do questionário no Apêndice 6).

Vemos que, dos oito casos em que foram observadas diferenças estatisticamente significativas, em seis deles o termo associado à Intuição foi preferido ao seu correspondente associado à Lógica/Raciocínio, tendo o inverso acontecido nos outros dois casos. Isso indica, *prima facie*, uma boa orientação para a Intuição entre os administradores japoneses. Mais adiante, nesta sessão, tentaremos fazer uma avaliação mais abrangente dos administradores quanto a essa dimensão.

Escore *Global da Intuição*

Atribuindo o valor 1 para cada escolha indicando orientação voltada para a Intuição e 0 para cada escolha voltada para a Lógica/Raciocínio, foi computado um *escore* global para cada administrador que respondeu o questionário. Quando não houve indicação de preferência por um termo sobre outro de um dado par (quando o respondedor assinalou ambas as alternativas ou deixou a seção em branco), foi atribuída uma contagem de 1/2 a cada alternativa; todavia, quando nenhuma preferência foi indicada claramente para pelo menos um dos dez pares de alternativas, a questão foi considerada "Não Respondida" (NR). Fica claro que o *escore* global varia de 0 a 10, com intervalos de 1/2.

Classificação

Com base no *escore* global da Intuição, os administradores foram divididos em três categorias:

Escore	*Categoria*
0,0-3,5	B: Baixa orientação
4,0-6,0	M: Média orientação
6,5-10,0	A: Alta orientação

Poderemos observar que essa classificação foi usada como uma forma padronizada de tabulação das respostas obtidas no Levantamento. Ela é chamada de "avaliação objetiva", em contraste com a "auto-avaliação" efetuada pelos respondedores, a qual é discutida posteriormente.

Distribuição

A classificação acima levou à distribuição mostrada na Tabela A4.3.

Tabela A4.3 Distribuição baseada na avaliação objetiva da Intuição

Categoria*	Baixa (%)	Média (%)	Alta (%)	NR (%)
Sexo				
Masculino	12,1	41,2	43,4	3,2
Feminino	–	48,8	51,2	–
Idade				
Abaixo de 35	–	50,0	50,0	–
35-44	14,4	33,9	44,0	7,7
45-59	10,2	47,5	42,2	–
Acima de 59	–	33,3	66,7	–
Tipo de Organização				
Indústria	13,8	41,4	44,8	–
Serviços	11,1	38,9	44,4	5,6
Nível de Administração				
Senior	14,7	42,3	43,0	–
Top	10,2	39,8	39,8	10,2
Total	10,3	42,4	44,6	2,7
(% corrigida pela NR)	(10,6)	(43,6)	(45,8)	–

* NR (= Não respondido) omitido da classificação.

A proporção (corrigida) de 45,8%, relativa aos administradores com alta orientação para a Intuição, é consideravelmente grande, confirmando a inferência preliminar baseada na escolha entre pares de alternativas, a qual foi examinada anteriormente.

As diferenças observadas entre os grupos não são estatisticamente significativas.

Auto-avaliação

A auto-avaliação dos administradores quanto ao grau de Intuição, numa escala de cinco pontos (variando de muito alta a muito baixa) originou a distribuição mostrada na Tabela A4.4.

Vemos que, de modo geral, a maioria (52,4%) dos administradores atribuíram a si mesmos um grau muito alto/alto quanto à Intuição, sugerindo que ela em geral é vista pelos administradores como um atributo positivo.

A proporção de profissionais do sexo feminino que atribuíram a si mesmos graus muito alto/alto (89,7%) é significativamente mais alta do que a proporção correspondente (47,3%) para os administradores do sexo masculino. Da mesma forma, também é significativa a diferença observada nesta proporção entre os administradores nível *top* (80,7%) e os administradores *senior* (34,0%). Ademais, a proporção de administradores que atribuíram a si mesmos esses graus (muito alto/alto) passa de 11,7%, no grupo baixo, para 42,6%, no grupo médio, e 68,1%, no grupo alto, sugerindo um bom grau de associação entre os dois sistemas de avaliação.

Associação Entre as Avaliações

A associação entre os dois sistemas de avaliação pode ser testada estatisticamente, formando a tabela de contingência mostrada como Tabela A4.5.

Tabela A4.4. Distribuição baseada na auto-avaliação da Intuição

Categoria*	Muito Alta (%)	Alta (%)	Média (%)	Baixa (%)	Muito Baixa (%)
Sexo					
Masculino	12,8	34,5	45,2	7,5	–
Feminino	10,3	79,4	10,3	–	–
Idade					
Abaixo de 35	16,7	–	83,3	–	–
35-44	5,0	50,0	30,5	14,4	–
45-59	15,7	41,5	40,4	2,4	–
Acima de 59	33,3	–	66,7	–	–
Tipo de Organização					
Indústria	13,8	27,6	48,3	10,3	–
Serviços	11,1	44,4	38,9	5,6	–
Nível de Administração					
Senior	10,0	24,0	55,9	10,0	–
Top	14,8	65,9	14,8	4,5	–
Grau de Intuição+					
Baixo	–	11,7	38,3	50,0	–
Médio	5,7	36,9	54,6	2,8	–
Alto	25,6	42,5	31,8	–	–
Total	13,8	38,6	41,3	6,3	–

* NR(= Não respondido) omitido de todas as categorias.
+ Relativa à avaliação objetiva apresentada na Tabela A4.3.

Tabela A4.5 Avaliação objetiva vs. auto-avaliação

Classificação baseada na avaliação objetiva	Auto-avaliação		
	Média ou Baixa (número)	Muito alta/alta (número)	Total (número)
Baixa e Média	19	11	30
Alta	8	17	25
Total	27	28	55

As categorias baixa e média foram combinadas porque, de outra forma, as freqüências esperadas cairiam abaixo de 5 em 2 das 6 células, o que não permitiria a aplicação do teste χ^2.

Usando-se um método especial de computação apropriado para tabelas de contingência do tipo 2 x 2 (isto é, incorporando-se a correção para a continuidade), pode-se ver que o valor de χ^2, no presente caso, é de 4,18%, o qual é significativo no nível de 5% (com um grau de liberdade), confirmando a associação positiva entre as duas avaliações.

O coeficiente de contingência, C, é igual a 0,26:

$$C = \sqrt{\frac{\chi^2}{\chi^2 + N}}$$

$$= \sqrt{\frac{4,18}{4,18 + 55}}$$

$$= 0,26$$

Mesmo considerando que o valor máximo de C para uma tabela de contingência 2 x 2 é de apenas $\sqrt{1/2}$ ou 0,71, o valor observado de C deve ser considerado um tanto baixo. Isto mostra que, embora haja uma associação significativa entre as duas avaliações, ela não é tão forte quanto foi sugerido pela comparação simples tentada anteriormente.

O Que É Intuição?

Descrições Dadas de Intuição

O questionário usado para o Levantamento começa com convite para que o respondedor descreva o que entende por Intuição, de modo a obter uma resposta não influenciada pela seqüência de perguntas apresentadas no questionário. Isso produziu diversas descrições de Intuição, dentre as quais as seguintes são as mais importantes:

Descrição	%
Integração de experiência anterior; processamento de informações acumuladas	23,8
Centelha; vislumbre	16,3
Decisão/percepção sem recurso a métodos lógicos/racionais	12,7
Processo subconsciente	12,0
Sexto sentido	11,7
Percepção/visão espontâneas	10,8
Reação Inicial	7,5
Voz interior (poderosa); impulso	6,6

É interessante observar que a percepção de que a Intuição deriva das informações acumuladas obtém o maior grau de concordância, embora os dois próximos lugares caibam respectivamente a "Centelha; vislumbre" e à concepção de que ela é uma espécie de antítese da lógica.

Expressão Gráfica

A proporção de administradores que expressaram graficamente seu conceito de Intuição é bastante alta (75,3%), indicando o forte interesse dos administradores japoneses pelo tema. Esta proporção é mais alta para mulheres do que para homens e maior no setor industrial do que no de serviços:

Categoria	%
Masculino	70,8
Feminino	100,0
Indústria	86,2
Serviços	66,7
Baixa	100,0
Média	74,4
Alta	68,9

A proporção para o grupo de baixa Intuição é significativamente maior do que aquelas para os grupos médio e alto, implicando uma associação negativa entre propensão para expressão gráfica e orientação para a Intuição, o que contraria o padrão observado em outros países.

Concordância com Descrições Específicas

O grau de concordância com as três descrições dadas de Intuição (obtidas por meio de três avaliações independentes e não como uma escolha entre três alternativas) pode ser vista na distribuição mostrada na Tabela A4.6.

Tabela A4.6 Grau da concordância com as três descrições específicas de Intuição

Categoria*	Grau da concordância com		
	a(%)	b(%)	c(%)
Sexo			
Masculino	67,2	85,0	63,0
Feminino	35,9	100,0	69,4
Tipo de Organização			
Indústria	69,0	79,3	62,1
Serviços	61,1	88,9	66,7
Nível de Administração			
Senior	76,5	95,3	53,0
Top	50,0	76,2	80,7
Grau de Intuição			
Baixo	100,0	100,0	64,8
Médio	58,0	81,5	51,1
Alto	60,9	89,2	72,3
Total	64,7	87,3	63,3

* NR (= Não respondido) omitido da classificação.
(a) Introvisão espontânea baseada em experiência/conhecimento anterior.
(b) Vislumbre de "níveis subconscientes".
(c) Sintonia com "níveis superiores de consciência".

Grosso modo, a ordem de concordância com as três descrições é a seguinte:

$$(b) > (a) \text{ e } (c)$$

> Significa "tem preferência sobre".

Com a solitária exceção dos administradores de nível *top*, a inequívoca preferência pela descrição (b) é evidente em todas as categorias. Além do mais, a proporção de administradores que manifestaram concordância com a descrição (c) é nitidamente maior entre os administradores de nível *top* e no grupo de alta Intuição.

É interessante fazer uma comparação entre o grau de concordância com estas diferentes descrições e o padrão de respostas à questão aberta relativa ao conceito de Intuição do respondente, apresentada no início do inquérito. A descrição (b) compreende dois componentes: "vislumbre" e "subconsciente", as quais figuram na primeira metade das descrições de Intuição dadas pelos administradores entrevistados. Considerando o fato de que a integração da experiência prévia é a resposta mais freqüente à questão aberta e que a percepção espontânea figura entre as principais respostas, poder-se-ia esperar que a descrição (a) tivesse obtido o maior grau de concordância, o que não é o caso. Portanto, parece razoável inferir que os administradores japoneses não consideram muito compatível a combinação de introvisão espontânea e experiência prévia (compreendida na descrição (a)).

Percepção da Relevância da Intuição

Nas Atividades Empresariais/Administração

A relevância percebida de diferentes áreas funcionais das atividades empresariais/administração quanto à aplicabilidade da Intuição pode ser vista nas seguintes proporções relativas às diferentes áreas:

Área	%
1 Estratégia e planejamento empresarial	56,9
2 Investimento/Diversificação	45,5
3 Aquisições/fusões/associações entre empresas	26,0
4 Finanças	5,4
5 *Marketing*	44,0
6 Relações públicas	38,5
7 Escolha de tecnologia/instalações e equipamento	12,6
8 Produção/Operações	9,1
9 Administração de materiais	5,1
10 Desenvolvimento de recursos humanos	51,2
11 Pesquisa e desenvolvimento	49,7

Pode-se notar que as proporções acima são um tanto baixas em comparação com outros países. Não obstante, considerando as ordens relativas de magnitude vistas aqui, estas são as principais áreas de aplicação da Intuição no campo das atividades empresariais/administração (não se pretendeu indicar nenhuma ordem de importância):

- estratégia e planejamento empresarial;
- desenvolvimento de recursos humanos;
- pesquisa e desenvolvimento;
- investimento/diversificação;
- *marketing.*

Vemos que a área de pesquisa e desenvolvimento obtém uma classificação razoavelmente alta em termos de relevância percebida.

Poder-se-ia esperar que uma área como aquisições/fusões/associações entre empresas figurasse entre as principais áreas de importância percebida, mas isso pode ter sido considerado parte da estratégia e planejamento empresarial.

Vemos que a área financeira e a de produção/operações são as duas principais áreas funcionais que figuram entre as menos importantes em termos de relevância percebida.

Em Outros Campos

Quanto a outras áreas que não as atividades empresariais/administração, as seguintes são consideradas mais importantes em termos de sua relevância para a aplicação da Intuição:

Campo	*%*
Esportes	24,1
Arte, teatro, literatura, música etc.	16,2
Relações humanas/interpessoais	15,0
Amor, casamento	13,0
Disciplinas específicas (engenharia, medicina, psicologia etc.)	7,5

Assim, no que diz respeito à aplicação da Intuição, os esportes são considerados o campo mais relevante fora do domínio das atividades empresariais/administração. Isso é importante, de vez que o Japão ocupa uma posição destacada no campo esportivo na região asiática.

Como se Pode Identificar a Intuição?

Meios Declarados de Identificação

A pergunta sobre como a Intuição poderia ser identificada evocou diversas respostas, dentre as quais as seguintes são as mais importantes:

Resposta	%
Tomada de decisões pouco influenciadas pelo raciocínio lógico	5,1
Percepção/visão espontâneas	5,1
Forte sentimento interior, emoção	3,9
Rapidez com que uma decisão é tomada	3,6

Os baixos percentuais relativos a essa pergunta talvez se devam ao fato de a pergunta não ter sido entendida corretamente pelos administradores japoneses.

Fenômenos Associados

Podemos ver na Tabela A4.7 o grau em que, na percepção dos administradores consultados, a experiência da Intuição vem acompanhada de diferentes fenômenos.

De modo geral, acredita-se que a experiência da Intuição é acompanhada em maior grau por mudanças nos aspectos sensoriais e mentais do que por mudanças nos aspectos físicos e emocionais. A baixa porcentagem com relação aos aspectos emocionais contraria as tendências observadas nos outros países.

Tabela A4.7 Fenômenos associados

Categoria*	(a)Sensorial (%)	(b)Físico (%)	(c)Mental (%)	(d)Emocional (%)
Sexo				
Masculino	40,5	23,1	50,6	31,7
Feminino	84,7	35,9	61,4	61,4
Tipo de Organização				
Indústria	51,7	34,5	44,8	37,9
Serviços	38,9	16,7	55,6	27,8
Nível de Administração				
Senior	49,4	17,6	52,4	42,3
Top	29,5	25,0	50,0	19,3
Grau de Intuição				
Baixa	50,0	23,5	76,5	50,0
Média	44,7	28,4	41,9	23,3
Alta	49,3	14,8	52,7	36,4
Total	46,1	23,8	51,8	34,0

* NR (= Não respondido) omitido da classificação.

Vemos que os aspectos sensoriais e emocionais são mencionados com mais freqüência pelas mulheres do que pelos homens.

Uso da Intuição

Na Vida Profissional

Aproximadamente dois terços dos administradores afirmaram usar a Intuição e a Lógica/Raciocínio em proporção quase igual em sua vida profissional. Todavia, apenas 7,5% dos administradores usam mais a Intuição, comparados aos 28,3% que usam mais a Lógica/Raciocínio, como pode ser visto na Tabela A4.8.

Veremos que os administradores de nível *senior* e *top* apresentam dois padrões claramente distintos. Não é apenas o fato de 14,8% dos administradores de nível *top* terem afirmado usar mais a Intuição, coisa que não aconteceu com nenhum dos administradores de nível *senior*: quase metade (47,0%) dos administradores *senior*, como eles mesmos admitiram, recorrem mais à Lógica/Raciocínio em sua vida profissional, ao passo que a proporção correspondente para os administradores de nível *top* é de apenas 4,5%.

Além do mais, parece haver uma associação positiva entre a orientação para a Intuição e o grau de seu uso na vida profissional, conforme se pode inferir a partir do fato de que a proporção de administradores com alta orientação e que usam mais a Intuição (14,1%) é significativamente mais alta do que as proporções correspondentes para os grupos baixo e médio.

Tabela A4.8 Grau do uso da Intuição na vida profissional

Categoria*	Mais a Lógica/Raciocínio (%)	Ambos em quase igual proporção (%)	Mais a Intuição (%)
Sexo			
Masculino	27,7	65,5	6,7
Feminino	40,9	59,1	–
Tipo de Organização			
Indústria	34,5	62,1	3,4
Serviços	22,2	72,2	5,6
Nível de Administração			
Senior	47,0	53,0	–
Top	4,5	80,7	14,8
Grau de Intuição			
Baixo	11,7	88,3	–
Médio	35,4	61,7	2,8
Alto	27,0	58,8	14,1
Total	28,3	64,2	7,5

* NR (= Não respondido) omitido da classificação.

Na Vida Pessoal

Mais da metade (57,6%) dos administradores afirmaram usar a Intuição e a Lógica/Raciocínio em quase igual medida em sua vida profissional. Essa proporção é comparável à de 64,2%, correspondente à vida profissional e já analisado na seção anterior. Todavia, a proporção de administradores que usam mais a Intuição (38,5%) é significativamente maior do que a proporção correspondente de 7,5%, vista no caso da vida profissional. Uma outra maneira de considerar isto é que, ao passo que 28,3% dos administradores afirmaram usar mais a Lógica/Raciocínio na vida profissional, a proporção correspondente é de apenas 3,9% no caso da vida pessoal. Em outras palavras, quase nenhum administrador japonês recorre à Lógica/Raciocínio para resolver problemas relacionados à sua vida pessoal (ver Tabela A4.9).

Tabela A4.9 Grau do uso da Intuição na vida pessoal

Categoria*	Mais a Lógica/Raciocínio (%)	Ambos em quase igual proporção (%)	Mais a Intuição (%)
Sexo			
Masculino	4,6	62,6	32,8
Feminino	–	23,3	76,7
Tipo de Organização			
Indústria	3,4	58,6	37,9
Serviços	5,6	61,1	33,3
Nível de Administração			
Senior	7,7	69,4	22,9
Top	–	50,0	50,0
Grau de Intuição			
Baixo	–	61,7	38,3
Médio	9,3	55,9	34,8
Alto	–	55,5	44,5
Total	3,9	57,6	38,5

* NR (= Não respondido) omitido da classificação.

A proporção de administradores do sexo feminino que recorrem mais à Intuição é significativamente mais alta (76,8%) do que a proporção correspondente (32,8%) para os administradores do sexo masculino. Da mesma forma, o grau do uso da Intuição é significativamente mais elevado entre os administradores de nível *top* (50%) do que entre os administradores *senior* (22,9%), assim como aconteceu no caso da vida profissional.

Exemplos Concretos

A proporção de administradores que puderam citar exemplos específicos de quando eles tinham realmente usado a Intuição em sua vida profissional/pessoal (76,3%) limita-se a 31,9%. Isso não combina com o grau relativamente alto de Intuição observado entre os administradores japoneses e indica uma discordância do padrão observado nos outros países.

Opiniões Sobre Certos Conceitos

Solicitou-se aos respondedores que indicassem em que medida concordavam ou discordavam de cada uma dentre dez afirmações que lhes eram apresentadas, e as respostas foram obtidas numa escala de cinco pontos, variando de "Forte concordância" a "Forte discordância". Com base nessas respostas, chegou-se a um índice composto, variando de 0 a 100, o qual foi obtido atribuindo-se os seguintes pesos às diferentes respostas:

Forte concordância	100
Concordância	75
Não sei dizer	50
Discordância	25
Forte discordância	0

Mediante a escolha dos fatores apropriados de avaliação, o índice pode ser obtido para uma determinada categoria e também para o agregado.

São os seguintes os índices agregados obtidos para as diferentes afirmações:

Afirmação	Índice
1 Muitos administradores *senior* usam a Intuição ao tomar decisões, ao menos em certo grau.	72,6
2 Capacidades intuitivas superiores contribuíram para um maior sucesso nos negócios.	80,4
3 A Intuição contribui para relacionamentos harmoniosos entre as pessoas.	61,2
4 A Intuição é uma característica mais associada às mulheres do que aos homens.	57,2

5 Poucos administradores que usam a Intuição admitiriam isso publicamente. 38,1

6 Quanto mais intuitiva for a pessoa, mais bem-sucedida ela será na vida. 57,2

7 A Intuição não pode ser bloqueada. 60,5

8 A Intuição tem um papel a desempenhar em quase todos os aspectos da vida. 80,5

9 A Intuição pode ser cultivada/estimulada. 30,1

10 Não é seguro recorrer à Intuição nas atividades empresariais/administração. 53,9

Assim, há um bom grau de concordância* quanto às seguintes afirmações:

- muitos administradores usam a Intuição (1);
- a Intuição contribui para o sucesso nos negócios (2);
- a Intuição tem um papel a desempenhar em quase todos os aspectos da vida (8).

A sugestão de que os administradores geralmente não admitem o uso da Intuição foi virtualmente rejeitada. O mesmo aconteceu com a sugestão de que a Intuição pode ser intensificada/cultivada, e isso se afasta significativamente do padrão observado nos outros países.

Maneiras de Ver Determinados Aspectos

Os pontos de vista sobre determinados aspectos da Intuição foram investigados avaliando-se a concordância com as proposições que se seguem; os valores ao lado mostram a proporção de administradores que concordam com cada proposição:

* Um índice de 65 ou mais foi considerado um "bom" grau de concordância.

Proposição	*%*
Dependência da Intuição relativamente ao ambiente exterior	21,1
Possibilidade de induzir a Intuição em outras pessoas	23,8
Possibilidade de a Intuição ser um processo de grupo	24,4
Possibilidade de aumentar a Intuição através de exercícios/treinamentos específicos.	59,6

As proporções são geralmente baixas, excetuando a última. Há alguma incoerência, aqui, pois as respostas a um determinado conjunto de afirmações mostram, como foi observado anteriormente, que a sugestão de que se possa cultivar a Intuição foi virtualmente rejeitada.

São as seguintes as proporções de administradores que acham que a Intuição deveria fazer parte do currículo em diferentes níveis de instrução:

Nível	*%*
Escola Primária	46,7
Escola Secundária	38,2
Faculdade/Universidade	30,1
Instituto de Administração	41,2

Assim, a opinião geral parece ser a de que o estudo da Intuição poderia começar já no nível da escola primária.

Interesse em Participação Adicional

A proporção dos administradores que indicaram a disposição de pesquisas adicionais, através de diferentes meios, é a seguinte:

Meios	*%*
Entrevistas pessoais	20,5
Workshops experimentais	28,3
Seminários/Conferências	33,8

Considerando-se a composição do grupo alvo e a quantidade de tempo que demanda esse tipo de participação, os valores acima podem ser considerados razoáveis.

Apêndice 5   Relatório para o Brasil

Perfil dos Administradores

A amostra para o Brasil compreende 204 administradores que representam os cerca de 80.400 administradores do país que atendem às especificações do Levantamento. Um perfil dos administradores brasileiros, obtido pelo Levantamento, é apresentado na Tabela A5.1.

Tabela A5.1 Perfil dos administradores brasileiros na amostra que participou do Levantamento

Categoria	Tamanho da amostra	População estimada (000s)	%	% corrigida para NR*
Sexo				
Masculino	197	77,7	96,6	97,1
Feminino	6	2,3	2,9	2,9
NR*	1	0,4	0,5	–
Idade				
Abaixo de 35	23	9,1	11,3	11,7
35-44	95	37,3	46,4	47,8
45-59	70	27,8	34,6	35,6
Acima de 59	10	3,8	4,7	4,9
NR*	6	2,3	2,9	–
Tipo de Organização				
Indústria	88	36,3	45,1	45,1
Serviços	116	44,1	54,9	54,9
Área funcional				
Administração geral	65	25,6	31,8	32,0
Finanças	32	12,5	15,5	15,6
Marketing	35	13,9	17,3	17,4
Produção/Operações	19	7,7	9,6	9,6
Desenvolvimento de recursos humanos	18	7,1	8,8	8,9
Outros	34	13,2	16,4	16,5
NR*	1	0,4	0,5	–
Nível de Administração				
Senior	142	55,9	69,5	69,5
Top	62	24,5	30,5	30,5
Total	204	80,4	100,0	100,0

*NR = Não respondido.

Vemos que (corrigindo as proporções para levar em conta os NR):

- 2,9% dos administradores são do sexo feminino;
- a maioria (59,5%, usando a proporção corrigida) dos administradores é relativamente jovem, tendo menos de 45 anos de idade;
- 30,5% dos administradores pertencem ao nível *top*.

Grau de Intuição

Avaliação Objetiva

Pares de Alternativas

As respostas às questões relativas à escolha entre dez pares de alternativas (em que um dos termos indicaria uma inclinação para a Intuição e o outro para a Lógica/Raciocínio) produzem a distribuição mostrada na Tabela A5.2.

Tabela A5.2 Escolha entre os pares de alternativas

Voltada para a Intuição		Voltada para a Lógica/Raciocínio		Grau de não-expressão de preferência (%)
Descrição	Grau da preferência (%)	Descrição	Grau da preferência (%)	
1 Inventar	39,2	Construir	59,4	1,5
2 Visão	73,4	Senso Comum	24,1	2,5
3 Abstrato	22,4	Concreto	75,2	2,4
4 Inovador	85,3	Convencional	12,3	2,5
5 Criativo	84,9	Analítico	13,2	1,9
6 Idéias	63,3	Fatos	35,3	1,5
7 Imaginativo	41,1	Realista	57,5	1,4
8 Engenhoso	31,9	Prático	66,2	1,9
9 Fascinante	27,9	Sensato	70,2	2,0
10 Espontâneo	72,9	Sistemático	25,2	1,9

* A preferência observada é estatisticamente significativa (no nível de 5%).

As duas alternativas de cada par foram apresentadas aos respondedores numa seqüência randômica predeterminada (ver a questão 2 do questionário no Apêndice 6).

Vemos que, em cinco dos dez casos, o termo associado à Intuição foi preferido ao seu correspondente associado à Lógica/Raciocínio, ao passo que nos outros cinco casos o termo associado à Lógica/Raciocínio foi preferido, indicando uma divisão equilibrada entre os dois. Isso indica, *prima facie*, que a orientação para a Intuição entre os administradores brasileiros talvez não seja muito elevada. Mais adiante, nesta seção, tentamos fazer uma avaliação mais abrangente dos administradores quanto a essa dimensão.

Escore *Global da Intuição*

Atribuindo o valor 1 para cada escolha indicando orientação voltada para a Intuição, e 0 para cada escolha voltada para a Lógica/Raciocínio, foi computado um *escore* global para cada administrador que respondeu o questionário. Quando não houve indicação de preferência de um termo sobre outro de um dado par (quando o respondedor assinalou ambas as alternativas ou deixou a seção em branco), foi atribuído um *escore* de 1/2 a cada alternativa; todavia, quando nenhuma preferência foi indicada claramente para pelo menos um dos dez pares de alternativas, a questão foi considerada "Não Respondida" (NR). Fica claro que o *escore* global varia de 0 a 10, com intervalos de 1/2.

Classificação

Com base no *escore* global da Intuição, os administradores foram divididos em três categorias:

Escore	*Categoria*
0,0-3,5	B: Baixa orientação
4,0-6,0	M: Média orientação
6,5-10,0	A: Alta orientação

Poderemos observar que essa classificação foi usada como uma forma padronizada de tabulação das respostas obtidas no Levantamento. Ela é chamada de "avaliação objetiva", em contraste com a "auto-avaliação" efetuada pelos respondedores, a qual é discutida posteriormente.

Distribuição

A classificação acima levou à distribuição mostrada na Tabela A5.3.

Tabela A5.3 Distribuição baseada na avaliação objetiva da Intuição

Categoria	Baixa (%)	Média (%)	Alta (%)	NR (%)
Sexo*				
Masculino	20,4	46,3	32,9	0,5
Feminino	17,6	33,8	32,4	16,2
Idade*				
Abaixo de 35	13,2	56,1	30,7	–
35-44	18,0	43,3	37,7	1,0
45-59	25,8	45,9	26,9	1,4
Acima de 59	19,8	49,6	30,6	–
Tipo de Organização				
Indústria	22,7	48,9	28,4	–
Serviços	18,1	43,1	37,1	1,7
Nível de Administração				
Senior	19,9	48,6	30,9	0,7
Top	20,8	39,2	38,4	1,6
Total	20,2	45,7	33,2	0,9
(% corrigida para NR)	(20,4)	(46,1)	(33,5)	–

* NR (= Não respondido) omitido da classificação.

Vemos que cerca de um terço dos administradores mereceram uma avaliação acima da média, confirmando a inferência feita anteriormente com base na escolha entre pares de alternativas.

As diferenças observadas entre os grupos não são estatisticamente significativas, porém há uma ampla indicação de que administradores do setor de serviços são mais orientados para a Intuição do que seus colegas do setor industrial. Além disso, os administradores de nível *top* parecem ter um *escore* melhor do que os administradores *senior* nesse item.

Auto-avaliação

A auto-avaliação dos administradores quanto ao grau de Intuição, numa escala de cinco pontos, variando de muito alta a muito baixa, produziu a distribuição mostrada na Tabela A5.4.

Tabela A5.4 Distribuição baseada na auto-avaliação da Intuição

Categoria	Muito Alta (%)	Alta (%)	Média (%)	Baixa (%)	Muito Baixa (%)	NR (%)
Sexo*						
Masculino	3,6	45,7	43,5	5,6	1,0	0,5
Feminino	–	100,7	–	–	–	–
Idade*						
Abaixo de 35	–	39,0	43,6	8,7	4,2	4,5
35-44	2,2	49,5	43,0	5,3	–	–
45-59	5,8	47,0	41,3	4,5	1,4	–
Acima de 59	–	60,3	39,7	–	–	–
Tipo de Organização						
Indústria	5,7	47,7	38,6	6,8	–	1,1
Serviços	1,7	47,4	44,8	4,3	1,7	–
Nível de Administração						
Senior	1,5	48,0	42,0	7,1	0,7	0,7
Top	8,2	46,4	42,2	1,7	1,6	–
Grau de Intuição*+						
Baixo	2,3	41,8	43,7	7,4	4,7	–
Médio	3,4	40,0	49,2	7,5	–	–
Alto	4,5	60,0	32,3	1,5	–	1,5
Total	3,5	47,6	42,0	5,4	0,9	0,5
(% corrigida para NR)	(3,5)	(47,8)	(42,2)	(5,5)	(1,0)	

* NR (= Não respondido) omitido de todas as categorias.
+ Relativa à avaliação objetiva apresentada na Tabela A5.3.

Vemos que pouco mais da metade dos administradores consideram-se acima da média (muito alta/alta) quanto à Intuição.

A proporção de administradores que atribuíram a si mesmos um grau de Intuição muito alto/alto tem um aumento progressivo, subindo de 40,8% (proporção corrigida), no grupo de idade abaixo de 35, para 60,3%, no grupo acima de 59 anos, sugerindo que os administradores mais velhos provavelmente se consideram mais intuitivos do que os mais jovens.

Associação Entre as Avaliações

A associação entre os dois sistemas de avaliação pode ser testada estatisticamente, formando a tabela de contingência mostrada como Tabela A5.5.

Tabela A5.5 Avaliação objetiva vs. auto-avaliação

Classificação baseada na avaliação objetiva	Auto-avaliação		
	Média ou Baixa (número)	Muito alta/alta (número)	Total (número)
Baixa	23	18	41
Média	53	40	93
Alta	23	44	67
Total	99	102	201

Três administradores cuja classificação não foi determinada em termos de qualquer dos dois sistemas de avaliação foram omitidos da tabulação cruzada acima.

Pode-se ver que o valor de χ^2 (que terá dois graus de liberdade) para a Tabela A5.5 é de 9,10, o qual é significativo no nível de 5%, mostrando que há uma associação positiva entre as duas avaliações.

O coeficiente de contingência, C, é igual a 0,21:

$$C = \sqrt{\frac{\chi^2}{\chi^2 + N}}$$

$$= \sqrt{\frac{9,10}{9,10 + 201}}$$

$$= 0,21$$

O baixo valor de C mostra que, embora haja uma associação entre os dois sistemas, ela não é forte.

O Que É Intuição?

Descrições Dadas de Intuição

O questionário usado para o Levantamento começa com o convite para que o respondedor descreva o que entende por Intuição, de modo a obter uma resposta não influenciada pela seqüência de perguntas apresentada no questionário. Isso deu origem a diversas descrições de Intuição, dentre as quais as seguintes são as mais importantes:

Descrição	%
Decisão/percepção sem recurso a métodos lógicos/racionais	29,4
Previsão	23,3
Percepção inerente; compreensão inexplicável; sensação que vem de dentro	18,3
Integração de experiência anterior; processamento de informações acumuladas	15,1
Percepção/visão espontâneas	9,3
Processo subconsciente	8,8
Sexto sentido	7,5
Premonição	6,4
Decisão/solução de problemas sem dados/fatos completos	6,0

Os administradores brasileiros mostraram-se muito articulados com relação a esse item. Vemos que a maior parte das respostas vai para a percepção de que a Intuição é como que uma antítese da Lógica/Raciocínio, ficando a previsão e a percepção inerente na segunda e na terceira posições. As proporções correspondentes à premonição e ao sexto sentido são um tanto baixas.

Expressão Gráfica

A proporção de administradores que expressaram graficamente seu conceito de Intuição é bastante alta (84,3%), indicando o grande interesse dos administradores brasileiros pelo tema. Essa proporção é significativamente mais alta entre os administradores com médio ou alto grau de Intuição do que entre os administradores do grupo de baixa Intuição, indicando uma associação positiva entre orientação para a Intuição e a tendência de a pessoa expressar-se graficamente sobre o tema:

Escore	%
Baixo	68,2
Médio	87,2
Alto	89,8

Concordância com Descrições Específicas

O grau de concordância com as três descrições dadas de Intuição (obtidas por meio de três avaliações independentes e não como uma escolha entre três alternativas) pode ser vista na distribuição mostrada na Tabela A5.6.

Tabela A5.6 Grau da concordância com
as três descrições específicas de Intuição

Categoria	Grau da concordância com		
	a(%)	b(%)	c(%)
Tipo de Organização			
Indústria	77,3	73,9	56,8
Serviços	81,0	70,7	56,0
Nível de Administração			
Senior	80,3	74,0	55,0
Top	77,2	67,9	59,6
Grau de Intuição*			
Baixo	82,8	68,2	55,9
Médio	77,1	71,2	50,6
Alto	81,1	76,5	64,9
Total	79,3	72,1	56,4

Nesta tabela e nas subseqüentes, a classificação por sexo foi omitida em razão do pequeno tamanho da amostra correspondente às profissionais do sexo feminino.
* NR (= Não respondido) omitido da classificação.
(a) Introvisão espontânea baseada em experiência/conhecimento anterior.
(b) Vislumbre de "níveis subconscientes".
(c) Sintonia com "níveis superiores de consciência".

De modo geral, a ordem de aceitação das três descrições é a seguinte:

(a) e (b) > (c)

> Significa "tem preferência sobre".

Considerando-se que a percepção espontânea/visão e a integração de experiências prévias figuram entre as principais respostas à questão aberta sobre o conceito de Intuição do respondedor (embora não estejam exatamente no topo da lista), talvez não seja nenhuma surpresa que a descrição (a) tenha obtido o mais alto grau de aceitação. Todavia, a aceitação obtida pela descrição (b), quase igualmente boa, não se ajusta muito bem ao fato de o processo subconsciente encontrar-se no final da lista e de não haver menção nenhuma ao lampejo em todas as principais respostas da questão aberta.

Podemos notar que a descrição (c) tem um grau relativo de aceitação entre os administradores de nível *top* e no grupo de alta Intuição.

Percepção da Relevância da Intuição

Nas Atividades Empresariais/Administração

A importância percebida de diferentes áreas funcionais das atividades empresariais/administração quanto à aplicabilidade da Intuição pode ser vista nas seguintes proporções relativas às diferentes áreas:

Área	%
1 Estratégia e planejamento empresarial	81,8
2 Investimento/Diversificação	69,8
3 Aquisições/fusões/associações entre empresas	55,6
4 Finanças	43,3
5 *Marketing*	76,7
6 Relações públicas	46,6
7 Escolha de tecnologia/instalações e equipamento	33,6
8 Produção/Operações	25,0
9 Administração de materiais	25,3
10 Desenvolvimento de recursos humanos	70,7
11 Pesquisa e desenvolvimento	64,6

Assim, essas são consideradas as principais áreas de aplicação da Intuição no campo das atividades empresariais/administração (não se pretendeu indicar nenhuma ordem de importância):

- estratégia e planejamento empresarial;
- investimento/diversificação;
- *marketing*;
- desenvolvimento de recursos humanos;
- pesquisa e desenvolvimento.

Poder-se-ia esperar que uma área como a de aquisições/fusões/associações entre empresas figurasse entre as principais áreas de importância percebida, mas isso pode ter sido considerado parte da estratégia e planejamento empresarial.

Vemos que a área financeira e a de produção/operações são as duas principais áreas funcionais que figuram entre as menos importantes em termos de relevância percebida.

Em Outros Campos

Quanto a outras áreas além das atividades empresariais/administração, as seguintes são consideradas mais importantes em termos de sua relevância para a aplicação da Intuição:

Campo	%
Relações familiares	19,1
Disciplinas específicas (engenharia, medicina, psicologia etc:)	18,1
Esportes	16,7
Relações humanas/interpessoais	15,6
Educação, ensino	11,5
Política, vida pública	10,8
Vida pessoal	6,9
Arte, teatro, música, literatura etc.	6,4

Embora as relações familiares estejam no topo da lista, vemos que as relações humanas/interpessoais também ocupam uma posição de destaque entre as respostas, dando ênfase à importância atribuída pelos administradores brasileiros ao papel da Intuição nas questões entre as pessoas. Disciplinas específicas, consideradas em conjunto com educação/ensino, são consideradas como quase igualmente importantes. O fato de os esportes ficarem em terceiro lugar está de acordo com a importante posição que o Brasil ocupa em determinadas áreas, como acontece com o futebol.

Como se Pode Identificar a Intuição?

Meios Declarados de Identificação

A pergunta sobre como a Intuição poderia ser identificada suscitou diversas respostas, dentre as quais as seguintes são as mais importantes:

Resposta	%
Tomada de decisões pouco influenciadas pelo raciocínio lógico	15,4
Percepção/visão espontâneas	14,6
Forte sentimento interior, emoção	13,2
Forte impulso de tomar uma decisão específica	11,7
Incapacidade para explicar a conclusão com base nos fatos disponíveis	7,8
(Forte) sentimento de certeza	5,9

Vemos que, além da tomada de decisões pouco influenciadas pelo raciocínio lógico, a espontaneidade, a emoção e o forte impulso são todos considerados como importantes características identificadoras da Intuição.

Fenômenos Associados

O grau em que, segundo a percepção dos administradores consultados, a experiência da Intuição vem acompanhada de diferentes fenômenos, pode ser visto na Tabela A5.7.

Tabela A5.7 Fenômenos associados

Categoria	(a)Sensorial (%)	(b)Físico (%)	(c)Mental (%)	(d)Emocional (%)
Tipo de Organização				
Indústria	22,7	18,2	37,5	59,1
Serviços	23,3	16,4	44,0	50,0
Nível de Administração				
Senior	24,0	17,0	38,6	51,7
Top	20,8	17,6	46,6	59,5
Grau de Intuição*				
Baixa	19,5	17,0	41,2	46,9
Média	20,4	10,9	34,2	53,8
Alta	29,4	25,1	48,8	59,1
Total	23,0	17,2	41,0	54,1

* NR (= Não respondido) omitido da classificação.

Na opinião dos participantes, portanto, a Intuição vem acompanhada principalmente pelas mudanças nos aspectos emocionais, e isso, de modo geral, está de acordo com o padrão de respostas à pergunta sobre os meios de identificação, analisados anteriormente.

Podemos notar que o grau de associação dos diferentes fenômenos é relativamente grande no grupo alto, comparado aos grupos baixo e médio, ainda que as diferenças observadas não sejam estatisticamente significativas.

Uso da Intuição

Na Vida Profissional

A maioria (53,5%) dos administradores afirmaram usar mais a Lógica/Raciocínio em sua vida profissional; a proporção dos que usam mais a Intuição é quase desprezível, como se pode ver na Tabela A5.8.

Ao contrário de seus colegas de alguns outros países, a maioria dos administradores brasileiros afirmaram claramente usar mais a Intuição ou a Lógica/Raciocínio na vida profissional.

Vemos que a proporção dos administradores que usam mais a Intuição sobe moderadamente à medida que passamos do grupo baixo para o grupo alto. Considerando a questão por outro ângulo, a proporção dos administradores que usam mais a Lógica/Raciocínio cai de 68,0%, no grupo baixo, e 58,2%, no grupo médio, para um nível significativamente mais baixo (38,4%) no grupo alto. Isso indica uma associação positiva entre orientação para a Intuição e o grau declarado de seu uso no campo das atividades empresariais/administração.

Tabela A5.8 Grau do uso da Intuição na vida profissional

Categoria	Mais a Lógica/Raciocínio (%)	Ambos em quase igual proporção (%)	Mais a Intuição (%)
Tipo de Organização			
Indústria	55,7	39,8	4,5
Serviços	51,7	44,0	4,3
Nível de Administração			
Senior	54,8	41,6	3,6
Top	50,5	43,2	6,3
Grau de Intuição*			
Baixo	68,0	32,0	–
Médio	58,2	37,5	4,3
Alto	38,4	54,2	7,4
Total	53,5	42,1	4,4

* NR (= Não respondido) omitido da classificação.

Na Vida Pessoal

A maioria (57,9%) dos administradores brasileiros afirmou usar a Intuição e a Lógica/Raciocínio em medida quase igual em sua vida pessoal. Os administradores que usam mais a Intuição constituem 16,2% do total, uma proporção significativamente maior do que os 4,4% correspondentes ao uso na vida profissional. Há uma queda concomitante na proporção dos administradores que usam mais a Lógica/Raciocínio, passando de 53,5%, no caso da vida profissional, para 25,9%, no caso da vida pessoal. Esse padrão surge independentemente do modo pelo qual os administradores são classificados (ver Tabela A5.9).

A proporção dos administradores que usam mais a Intuição em sua vida pessoal sobe progressivamente à medida que passamos do grupo baixo para o grupo de alto grau de Intuição, embora as diferenças observadas não sejam estatisticamente significativas. A queda na proporção dos administradores que usam mais a Lógica/Raciocínio – passando de 31,4%, no grupo baixo, para 17,7%, no grupo alto – é mais pronunciada, indicando uma clara associação entre a orientação para a Intuição e o grau declarado de seu uso na vida pessoal.

Tabela A5.9 Grau do uso da Intuição na vida pessoal

Categoria	Mais a Lógica/Raciocínio (%)	Ambos em quase igual proporção (%)	Mais a Intuição (%)
Tipo de Organização			
Indústria	23,9	59,1	17,0
Serviços	27,6	56,9	15,5
Nível de Administração			
Senior	26,7	59,1	14,2
Top	24,1	55,1	20,8
Grau de Intuição*			
Baixo	31,4	56,1	12,5
Médio	28,9	57,0	14,1
Alto	17,7	61,8	20,4
Total	25,9	57,9	16,2

* NR (= Não respondido) omitido da classificação.

Exemplos Concretos

A proporção de administradores que puderam citar exemplos específicos de quando eles tinham realmente usado a Intuição em sua vida profissional/pessoal (61,6%) é razoavelmente alta. Essa proporção é maior no setor de serviços (65,5%) do que no setor industrial (56,8%), embora as diferenças observadas não sejam estatisticamente significativas.

Opiniões Sobre Certos Conceitos

Solicitou-se que os respondedores indicassem em que medida concordavam ou discordavam de cada uma dentre dez afirmações que lhes eram apresentadas, e as respostas foram obtidas numa escala de cinco pontos, variando de "Forte concordância" a "Forte discordância". Com base nessas respostas, chegou-se a um índice composto, variando de 0 a 100, o qual foi obtido atribuindo-se os seguintes pesos às diferentes respostas:

Forte concordância	100
Concordância	75
Não sei dizer	50
Discordância	25
Forte discordância	0

Mediante a escolha dos fatores apropriados de avaliação, o índice pode ser obtido para uma determinada categoria e também para o conjunto.

São os seguintes os índices agregados obtidos para as diferentes afirmações:

Afirmação	*Índice*
1 Muitos administradores *senior* usam a Intuição ao tomar decisões, ao menos em certo grau.	71,9
2 Capacidades intuitivas superiores contribuíram para um maior sucesso nos negócios.	76,7
3 A Intuição contribui para relacionamentos harmoniosos entre as pessoas.	70,5
4 A Intuição é uma característica mais associada às mulheres do que aos homens.	42,5
5 Poucos administradores que usam a Intuição admitiriam isso publicamente.	60,1
6 Quanto mais intuitiva for a pessoa, mais bem-sucedida ela será na vida.	52,8
7 A Intuição não pode ser bloqueada.	64,9
8 A Intuição tem um papel a desempenhar em quase todos os aspectos da vida.	75,0
9 A Intuição pode ser cultivada/estimulada.	61,8
10 Não é seguro recorrer à Intuição nas atividades empresariais/administração.	42,8

Assim, há um bom grau de concordância* quanto às seguintes afirmações:

- muitos administradores usam a Intuição (1);

* Um índice de 65 ou mais foi considerado um "bom" grau de concordância.

- a Intuição contribui para o sucesso nos negócios (2);
- a Intuição contribui para relacionamentos harmoniosos entre as pessoas (3);
- a Intuição tem um papel a desempenhar em quase todos os aspectos da vida (8).

Vemos que a idéia de que a Intuição contribui para o sucesso na vida (6) não encontra o mesmo grau de aceitação que a proposição mais restritiva de que a Intuição contribui para o sucesso nos negócios (2). Desse modo, conquanto os administradores pareçam acreditar que a Intuição é mais relevante para a vida profissional, recordando o que foi discutido na seção anterior, as afirmações dos administradores parecem indicar que eles usam a Intuição mais intensamente na vida pessoal do que na profissional. Essa aparente contradição provavelmente tem algo a ver com o modo como as proposições foram formuladas; a afirmação 6 é claramente mais incisiva do que a afirmação 2.

Vemos também que a sugestão negativa de que não é seguro recorrer à Intuição nas atividades empresariais/administração (10) foi virtualmente rejeitada, oferecendo-nos mais uma evidência da percepção da relevância da Intuição nessa área.

Maneiras de Ver Determinados Aspectos

Os pontos de vista sobre determinados aspectos da Intuição foram investigados avaliando-se a concordância com as seguintes proposições; os valores ao lado mostram a proporção de administradores que concordam com cada proposição:

Proposição	%
Dependência da Intuição relativamente ao ambiente exterior	36,4
Possibilidade de induzir a Intuição em outras pessoas	31,2
Possibilidade de a Intuição ser um processo de grupo	27,0
Possibilidade de aumentar a Intuição através de exercícios/treinamentos específicos	49,1

A concordância com as três primeiras proposições é um tanto baixa, mas a concordância com a última (49,1%) oferece uma razoável evidência da crença dos administradores na eficácia do treinamento para intensificar a Intuição.

São as seguintes as proporções de administradores que acham que a Intuição deveria fazer parte do currículo em diferentes níveis de instrução:

Nível	*%*
Escola Primária	23,1
Escola Secundária	29,5
Faculdade/Universidade	54,6
Instituto de Administração	54,5

Há, portanto, um bom nível de concordância com a idéia de que a Intuição deva fazer parte do currículo nas faculdades e institutos de administração, embora não no nível do ensino primário e secundário.

Interesse em Participação Adicional

A proporção dos administradores que indicaram a disposição de pesquisas adicionais, através de diferentes meios, é a seguinte:

Meios	*%*
Entrevistas pessoais	52,4
Workshops experimentais	48,0
Seminários/Conferências	69,9

Considerando-se as exigências que a participação nesse tipo de pesquisa impõe sobre o tempo do respondedor, as proporções acima podem ser vistas como uma prova do grande interesse despertado por esta pesquisa entre os administradores brasileiros.

Apêndice 6   Questionário
Usado no Levantamento

Caro Respondente,

Uma das instituições financiadas pelo IMD iniciou, em 1988, um projeto de pesquisa internacional sobre "o uso da Intuição no Cenário Empresarial e na Tomada de Decisões".

Ao longo das últimas três décadas, foi edificada uma impressionante estrutura de conhecimentos sistemáticos no campo da administração de empresas, a qual foi ajudada pelo advento do computador e pelo desenvolvimento de diversas disciplinas. Todavia, há uma percepção cada vez maior de que a ciência e a tecnologia não são tudo: existem diversos fenômenos, nos níveis macro e micro, que ainda aguardam uma explicação satisfatória nos rígidos termos das relações de causa e efeito. Na conseqüente busca de possíveis fatores que estejam fora do domínio das teorias/práticas racionais, tem-se dedicado cada vez mais atenção ao papel desempenhado pela Intuição.

É neste contexto que o IMD dá continuidade a este projeto pioneiro de pesquisas, o qual é multifacetado e envolve: revisão da literatura contemporânea, trabalhos de campo, *workshops* experimentais e relações recíprocas com especialistas, através de mesas redondas, conferências etc. Isso está sendo realizado por toda a Rede de Intuição do IMD, compreendendo presentemente seis regiões: Europa, EUA, URSS, Japão, Índia e América Latina.

Como parte deste esforço, elaboramos um questionário para colher respostas de administradores profissionais de nível *top/senior* cuidadosamente selecionados. Uma cópia deste questionário está anexada.

Ficaremos gratos se você puder reservar cerca de uma hora de seu valioso tempo para preencher o questionário. A sua cooperação para esse esforço significará uma importante contribuição para o avanço da teoria e da prática da administração. Assim, esperamos sinceramente que você dê a este questionário a importância e a urgência que ele merece.

Um sumário das descobertas da pesquisa será enviado a todos os respondentes.
Calorosas saudações.
Sinceramente

Dr. Jagdish Parikh
Presidente
Projeto de Pesquisa sobre Intuição – IMD

QUESTIONÁRIO©

Instruções

1. Favor responder as questões exatamente na mesma seqüência em que elas são apresentadas. Em outras palavras, mantenha um registro de suas respostas à medida que for passando de uma questão para outra.

2. Não há respostas certas nem erradas. Portanto, sinta-se livre para registrar sua palavra só com base nas suas percepções.

3. Caso o espaço oferecido no questionário seja insuficiente, use, por favor, folhas adicionais e anexe-as às outras respostas.

COPYRIGHT © 1988 by Dr. Jagdish Parikh
Esse questionário não pode ser reproduzido integral nem parcialmente por mimeografia ou por quaisquer outros meios sem permissão por escrito.

REC 1
SR NO 1-4
PAÍS 5-6

COL

1.1	"Intuição" é entendida de diferentes maneiras por diferentes pessoas. Como você a descreveria?	(7-8) (13-14)
1.2	Conceitos como Intuição às vezes são mais bem expressos graficamente. Você poderia desenhar no espaço abaixo um símbolo/desenho/diagrama para transmitir seu conceito de "Intuição"?	(15-16) (19-20)

REC 1

1.3	Que avaliação você faz da sua Intuição? Você pode indicar sua resposta na seguinte escala de cinco pontos: (21)

$$+\!\!-\!\!-\!\!-\!\!-\!\!-\!\!-\!\!+\!\!-\!\!-\!\!-\!\!-\!\!-\!\!+\!\!-\!\!-\!\!-\!\!-\!\!-\!\!+\!\!-\!\!-\!\!-\!\!-\!\!-\!\!+$$

1	2	3	4	5
Muito alta	Alta	Média	Baixa	Muito baixa

2	Abaixo há dez pares de termos. Em cada par faça, por favor, um círculo em torno de (a) ou (b), dependendo de qual termo de um determinado par lhe agrada mais: (22:31)

1(a) Construir	v.	(b) Inventar
2(a) Senso comum	v.	(b) Visão
3(a) Concreto	v.	(b) Abstrato
4(a) Convencional	v.	(b) Inovador
5(a) Criativo	v.	(b) Analítico
6(a) Idéias	v.	(b) Fatos
7(a) Imaginativo	v.	(b) Realista
8(a) Prático	v.	(b) Engenhoso
9(a) Sensato	v.	(b) Fascinante
10(a) Sistemático	v.	(b) Espontâneo

3.1	Em quais áreas das atividades empresariais/administrativas você acha que a Intuição tem um papel a desempenhar na tomada de decisões? Na tabela seguinte, você pode assinalar todas as áreas que você considera relevantes – e, se possível, acrescentar outras.
3.2	Para cada uma das áreas assinaladas, descreva, por favor, aplicações específicas da Intuição (ou desenvolva a resposta de alguma outra forma).

REC 1/COL 32-76:80 = 1
REC 2/COL 7:31

	Área	Aplicações/desenvolvimento
1	Estratégia e planeja-mento empresarial ☐	
2	Investimento/Diversifi-cação ☐	
3	Aquisições/fusões/asso-ciações entre empresas ☐	
4	Finanças ☐	
5	*Marketing* ☐	
6	Relações públicas ☐	
7	Escolha de tecnologia/instalações e equipa-mento ☐	
8	Produção/Operações ☐	
9	Administração de mate-riais ☐	
10	Desenvolvimento de re-cursos humanos ☐	
11	Pesquisa e desenvolvi-mento ☐	
12	Outros (ESPECIFI-CAR.) ☐	
13	☐	
14	☐	

REC 2
COL

3.3	Você poderia pensar em outros campos (isto é, além da atividade empresarial/administrativa) em que a Intuição tivesse um papel a desempenhar? Identifique, por favor, esses campos e descreva o papel/aplicação da Intuição em cada um deles.	(32:55)

Campo	Papel/Aplicação da Intuição
(a)	
(b)	
(c)	
(d)	

4	Há um ponto de vista de que a Intuição é usada por quase todas as pessoas e que só o grau varia, dependendo da pessoa e da situação. Você diria que os seus atos são orientados mais pela Lógica/Raciocínio ou pela Intuição em sua: (a) vida profissional; e (b) vida pessoal? (FAÇA UM CÍRCULO EM TORNO DO CÓDIGO APROPRIADO.)	(56:57)

	Mais pela Lógica/ Raciocínio	Por ambos em quase igual proporção	Mais pela Intuição
(a) Vida profissional	1	2	3
(b) Vida pessoal	1	2	3

5	Indique, por favor, fazendo um círculo em torno do código apropriado, se você concorda ou não com cada uma das seguintes definições/descrições de Intuição:	(58:60)

Definição/Descrição	Concordo	Discordo
(a) Introvisão espontânea baseada em experiência/conhecimento anterior.	1	2
(b) Vislumbre de "níveis subconscientes"	1	2
(c) Sintonia com "níveis superiores de consciência"	1	2

REC 2

6 Eis aqui um conjunto de dez afirmações. Em cada caso, faça um círculo em torno do código apropriado, dependendo do seu grau de concordância ou discordância com determinada afirmação. (61:70)

Afirmação	Forte concor-dância	Concor-dância	Não sei dizer	Discor-dância	Forte discor-dância
1 Muitos administradores *senior* usam a Intuição ao tomar decisões, ao menos em certo grau.	1	2	3	4	5
2 Capacidades intuitivas superiores contribuíram para um maior sucesso nos negócios.	1	2	3	4	5
3 A Intuição contribui para relacio-namentos harmoniosos entre as pes-soas.	1	2	3	4	5
4 A Intuição é uma característica mais associada às mulheres do que aos homens.	1	2	3	4	5
5 Poucos administradores que usam a Intuição admitiriam isso publica-mente.	1	2	3	4	5
6 Quanto mais intuitiva for a pessoa, mais bem-sucedida ela será na vida.	1	2	3	4	5
7 A Intuição não pode ser bloqueada.	1	2	3	4	5
8 A Intuição tem um papel a desem-penhar em quase todos os aspectos da vida.	1	2	3	4	5
9 A Intuição pode ser cultivada/ es-timulada.	1	2	3	4	5
10 Não é seguro recorrer à Intuição nas atividades empresariais/ adminis-tração.	1	2	3	4	5

7	Como parte desse esforço de pesquisa, estamos tentando coletar a maior quantidade de material possível para estudos de casos de exemplos concretos de aplicação da Intuição. Lembre-se, por favor, se possível, de dois fatos ocorridos nos últimos anos, de preferência, um no campo das atividades empresariais/administrativas e outro extraído de outras áreas, nos quais você tenha usado a Intuição para tomar decisões. Utilize o espaço abaixo para descrever esses exemplos.

	Aspecto	Exemplo 1 (COL 7:12)	Exemplo 2 (COL 22:27)
1	Contexto/Situação		
2	Natureza da decisão tomada		
3	Houve ou não disponibilidade de fatos adequados e relevantes para a situação?		
4	Tratou-se de um caso de uma escolha entre duas ou mais alternativas igualmente boas/ruins?		

FAVOR USAR FOLHAS ADICIONAIS SE NECESSÁRIO.

	Aspecto	Exemplo 1 (COL 13:21)	Exemplo 2 (COL 28:36)
5	Você tomou a iniciativa de agir com base em algum impulso interior em vez de escolher entre alternativas?		
6	A decisão tomada foi diferente daquela recomendada pelos fatos disponíveis?		
7	Houve alguma experiência especial, de natureza sensorial/física/emocional quando (ou pouco antes/depois) você tomou a decisão?		
8	Os acontecimentos subseqüentes mostraram que a decisão tomada foi "certa" ou "errada" (ou poderia ser considerada assim, em retrospectiva).		
9	Você revelou a alguma outra pessoa, pertencente à organização ou exterior a ela, qual foi a base para a sua decisão?		
10	Você agiria de forma semelhante se a mesma situação surgisse novamente?		

FAVOR USAR FOLHAS ADICIONAIS SE NECESSÁRIO.

REC 3
COL

8	Como você identifica a presença/ocorrência da Intuição? (37:46)

| 9.1 | Você acha que a experiência da Intuição é acompanhada por (47:70) alguma mudança identificável nos seguintes aspectos? (FAVOR FAZER UM CÍRCULO EM TORNO DO CÓDIGO APROPRIADO.) (SE A RESPOSTA FOR "Não" OU "Não sei dizer", PASSE PARA A QUESTÃO 10.1.) |
| 9.2 | (SE A RESPOSTA FOR "Sim":) Favor especificar. |

Aspecto	9.1			9.2	
	Sim	Não sei dizer	Não	Desenvolvimento	(47:70)
1 Sensorial (imagens, sons etc.)	1	2	3		
2 Físico	1	2	3		
3 Mental/Intelectual	1	2	3		
4 Emocional	1	2	3		
5 Outros (ESPECIFICAR)	1				
6	1				COL 80 = 3

REC 4
SR NO 1-4
PAÍS 5-6
COL

10.1	A ocorrência da Intuição depende do ambiente externo?	(7)
	(SE A RESPOSTA FOR "Não sei dizer" ou "Não", PASSE PARA A QUESTÃO 11.1) 1 Sim 2 Não sei dizer 3 Não	
10.2	(SE A RESPOSTA FOR "Sim") Favor mencionar quaisquer características do ambiente exterior que poderiam facilitar a Intuição.	(8:10)
11.1	Você acha que é possível induzir a Intuição em outra pessoa?	(11)
	(SE A RESPOSTA FOR "Não sei dizer" ou "Não", PASSE PARA A QUESTÃO 12.1) 1 Sim 2 Não sei dizer 3 Não	
11.2	(SE A RESPOSTA FOR "Sim":) FAVOR EXPLICÁ-LA.	(12:14)
12.1	Você acha que a Intuição pode ser um processo grupal?	(15)
	(SE A RESPOSTA FOR "Não sei dizer" ou "Não", PASSE PARA A QUESTÃO 13.1) 1 Sim 2 Não sei dizer 3 Não	
12.2	(SE A RESPOSTA FOR "Sim":) FAVOR EXPLICÁ-LA.	(16:18)
13.1	Você acha que é possível intensificar/desbloquear a Intuição através de algum tipo específico de prática/treinamento?	(19)
	(SE A RESPOSTA FOR "Não sei dizer" ou "Não", PASSE PARA A QUESTÃO 14.) 1 Sim 2 Não sei dizer 3 Não	
13.2	(SE A RESPOSTA FOR "Sim":) FAVOR EXPLICAR.	(20:22)

COL

14	A Intuição deveria ser incluída no currículo no nível de:			(23:25)
	Nível	Sim	Não sei dizer	Não
	(a) Escola primária	1	2	3
	(b) Escola secundária	1	2	3
	(c) Faculdade/Universidade	1	2	3
	(d) Instituto de administração	1	2	3

15	Você estaria interessado em participar de fases subseqüentes desta pesquisa?			(26:28)
		Sim	Não	
	(a) Entrevistas pessoais	1	2	
	(b) *Workshops* experimentais	1	2	
	(c) Seminários/Conferências	1	2	

16	Você poderia fornecer alguma informação sobre pessoas/ instituições/organizações que estejam envolvidas ou poderiam estar interessadas em pesquisas ou em aplicações da Intuição?		(29:32)
	Nome	Endereço	

17	Apreciaremos quaisquer comentários adicionais que você queira fazer sobre o tema Intuição e/ou a respeito do projeto de pesquisa.	(33:36)

280

REC 4
COL

18	Favor fornecer as seguintes informações reservadas para fins de classificação:	
	(a) Nome (OPCIONAL)	(37:56)
	(b) Sexo	1 Masculino (57) 2 Feminino
	(c) Idade	1 34 anos ou menos (58) 2 35-44 anos 3 45-59 anos 4 60 anos ou mais
	(d) Qualificações educacionais	(59:62)
	(e) Nome e endereço da organização	(63:66)
	(f) Departamento/Área funcional	(67:69)
	(g) Cargo (Título)	(70:71)
	(h) Breve descrição de responsabilidades	(72:76)
	OBRIGADO POR SUA COOPERAÇÃO	

COL 80 = 4

Leia também:

"**Durante 25 anos, Hazel Henderson abriu as portas e as janelas das sufocantes catedrais da economia ortodoxa impregnadas de incenso, deixando entrar o ar fresco e a luz do mundo real.** Se os sacerdotes da doutrina econômica parassem de repetir sua ladainha durante um tempo suficiente para ler este livro, esse seria o primeiro lance de um jogo em que todos nós ganharíamos."

Herman E. Daly,
Coautor de *For the Common Good*

Construindo um Mundo Onde Todos Ganhem

A Vida depois da Guerra da Economia Global

Hazel Henderson

"O bem mais precioso no mundo é a esperança, e *Construindo um Mundo Onde Todos Ganhem*, de Hazel Henderson, é uma jazida desse bem. Ela descobre caminhos que levam da competição à cooperação, da hierarquia à diversidade, do abuso global a soluções populares – e, desse modo, do desespero isolado à ação comunal."

– Gloria Steinem,
Autora de *Moving Beyond Words*

"Mais uma vez, Henderson desafia economistas, políticos e líderes do mundo dos negócios com sua crítica radical e bem alicerçada dos valores e das concepções básicas. Assim como seus livros anteriores, *Construindo um Mundo Onde Todos Ganhem* será uma rica fonte de inspiração por muitos e muitos anos."

Fritjof Capra, autor de *O Ponto de Mutação* e de *A Teia da Vida*, publicados pela Editora Cultrix.

"Um dos principais pensadores de nossa época desafia-nos a analisar nossos valores e a maneira como vivemos."

Peter Russell, autor de *O Despertar da Terra*, publicado pela Editora Cultrix.

EDITORA CULTRIX

A ESTRATÉGIA DO GOLFINHO:
A Conquista de Vitórias num Mundo Caótico

Dudley Lynch e Paul L. Kordis

"Eis aqui idéias que... podem levar as pessoas que trabalham em empresas a ter uma vida mais plena de realizações, eliminando os medos e as inibições que caracterizam tão bem a atividade empresarial."

MILTON MOSCOWITZ, autor de
The 100 Best Companies for in America.

"Lynch e Kordis, em *A Estratégia do Golfinho*, desenvolveram os conceitos que tenho adotado na minha prática de consultoria, levando-os a um ponto de congruência 'quase perfeito'".

JAMES L. MURPHY, diretor-executivo, de liderança
e desenvolvimento organizacional da U.S. West, Inc., em Denver.

"*A Estratégia do Golfinho* analisa um novo e engenhoso meio de preparar líderes empresariais para aquele audacioso mas excitante 'Novo Dia'. Os professores de todas as faculdades de administração de empresas do país precisam prestar atenção neste livro."

DON EDWARD BECK,
National Values Center.

"A melhor aplicação de estratégias pós-New Age para administração que já conheci."

WARREN BENNIS, eminente professor de
administração de empresas da University of Southern California.

"*A Estratégia do Golfinho* é um manual prático e orientado para os negócios que ensina como ser pessoal e institucionalmente mais receptivo a este novo mundo que está se formando."

RICHARD LAMM,
Center for Public Policy and Contemporary Issues.

"*A Estratégia do Golfinho* é sabedoria prática posta numa forma simples e divertida. É um livro obrigatório."

WILLIS HARMAN,
presidente do Instituto de Ciências Noéticas e co-autor de
O Trabalho Criativo, publicado pela Editora Cultrix, São Paulo.

EDITORA CULTRIX

LIDERANÇA E A NOVA CIÊNCIA

Margaret J. Wheatley

Nossa compreensão do universo está sendo radicalmente alterada pela "nova ciência". As descobertas revolucionárias da física quântica, da teoria do caos e da biologia molecular estão abalando os modelos científicos que predominaram nos últimos séculos. Margaret Wheatley mostra como a nova ciência traz insights poderosos para a transformação do modo pelo qual organizamos o trabalho, as pessoas e a própria vida.

Escrito em estilo leve, que torna a nova ciência acessível a não-cientistas, este livro pioneiro oferece:

- uma elucidativa exploração de como a nova ciência pode mudar a nossa forma de entender, desenhar, liderar e gerenciar organizações;
- um sumário de fácil leitura de um amplo leque de descobertas da nova ciência;
- uma nova luz sobre as questões mais desafiadoras que as organizacões enfrentam hoje: o equilíbrio entre ordem e mudança, autonomia e controle, estrutura e flexibilidade, planejamento e inovação;
- inspiração e direção para que os leitores comecem sua própria jornada de descobertas aplicando idéias da nova ciência em seu trabalho e em sua vida.

UMA JORNADA PELAS DESCOBERTAS DA NOVA
CIÊNCIA QUE MUDARÁ DEFINITIVAMENTE A
SUA COMPREENSÃO DE LIDERANÇA,
ORGANIZAÇÃO E DA PRÓPRIA VIDA.

EDITORA CULTRIX

Impressão e acabamento:

tel.: 25226368